no.05 >>> photo page 04
no.06 >>> photo page 04

no.07 >>> photo page 05
no.08 >>> photo page 05

no.09 >>> photo page 06

JN075473

no.10 >>> photo page 07

no.15 >>> photo page 10
no.16 >>> photo page 10

no.17 >>> photo page 11
no.18 >>> photo page 11

no.19 >>> photo page 12

no.20 >>> photo page 13

no.25 >>> photo page 16
no.26 >>> photo page 16

no.27 >>> photo page 17
no.28 >>> photo page 17

no.29 >>> photo page 18
no.30 >>> photo page 18

no.31 >>> photo page 19

no.36 >>> photo page 22

no.37 >>> photo page 23

no.38 >>> photo page 24

no.39 >>> photo page 25

no.42 >>> photo page 28
no.43 >>> photo page 28

no.44 >>> photo page 29
no.45 >>> photo page 29

no.46 >>> photo page 30

no.47 >>> photo page 31

no.48 >>> photo page 32

no.01

no.02

no.01 >>> how to make : page 33
embroidery cloth : cosmo #3900

no.02 >>> how to make : page 34
embroidery cloth : cosmo #3900

no.03 >>> how to make : page 35
embroidery cloth : cosmo #3800

no.04 >>> how to make : page 35
embroidery cloth : cosmo #3800

no.03

no.05

no.06

no.05 >>> how to make : page **36**
         embroidery cloth : cosmo #9000

no.06 >>> how to make : page **37**
         embroidery cloth : cosmo #9000

no.08 different color pattern

no.07 >>> how to make : page **38**
embroidery cloth : cosmo #3800

no.08 >>> how to make : page **38**
embroidery cloth : cosmo #3800

no.09

no.09 >>> how to make : page 40
　　　　 embroidery cloth : cosmo #9000

no.10

no.10 >>> how to make : page 41
       embroidery cloth : cosmo #9000

no.11

no.12

no.11 >>> how to make : page 42
　　　embroidery cloth : cosmo #9000

no.12 >>> how to make : page 42
　　　embroidery cloth : cosmo #9000

no.13

no.13 >>> how to make : page **33**
        embroidery cloth : cosmo #9000

no.14 >>> how to make : page **33**
        embroidery cloth : cosmo #9000

no.14 different color pattern

no.15

no.16

no.15 >>> how to make : page **50**
embroidery cloth : cosmo #9000

no.16 >>> how to make : page **51**
embroidery cloth : cosmo #9000

no.17 >>> how to make : page **55**
        embroidery cloth : cosmo #9000

no.18 >>> how to make : page **55**
        embroidery cloth : cosmo #9000

no.17   no.18

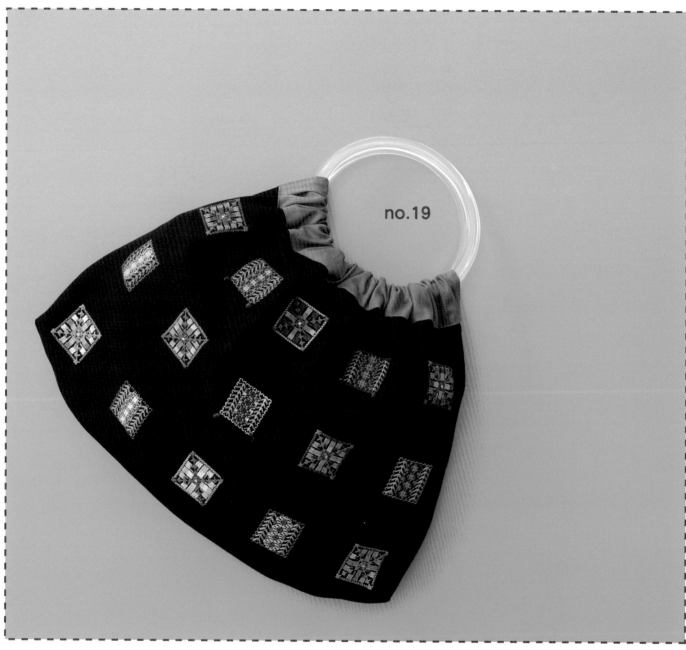

no.19

no.19 >>> how to make : page 44
embroidery cloth : cosmo #3800

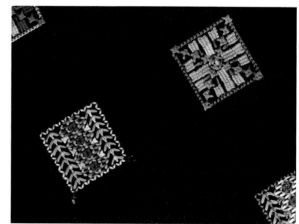

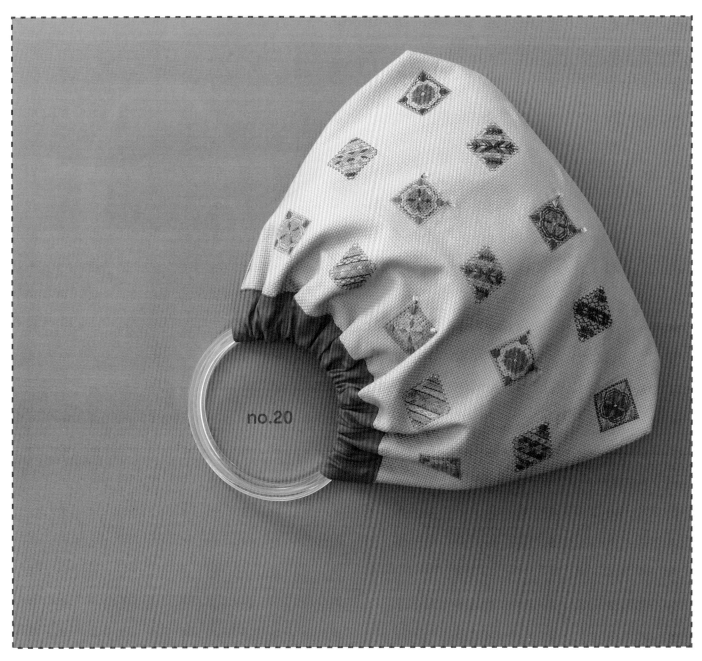

no.20 >>> how to make : page **44**
          embroidery cloth : cosmo #3800

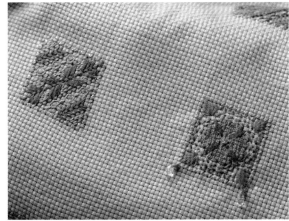

no.21

no.22

no.21 >>> how to make : page 45
         embroidery cloth : cosmo #9000

no.22 >>> how to make : page 45
         embroidery cloth : cosmo #9000

no.23

no.24

no.23 >>> how to make : page **46**
        embroidery cloth : cosmo #9000

no.24 >>> how to make : page **46**
        embroidery cloth : cosmo #9000

no.26 different color pattern

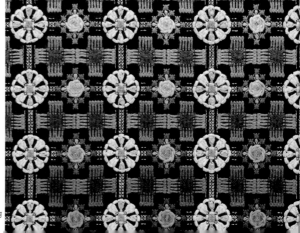

no.25 >>> how to make : page **39**
        embroidery cloth : cosmo #3800

no.26 >>> how to make : page **39**
        embroidery cloth : cosmo #3800

no.28 different color pattern

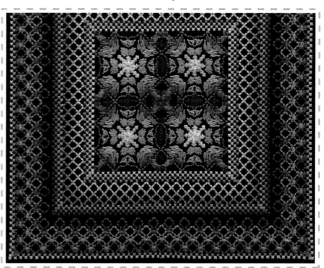

no.27 >>> how to make : page **47**
　　　　embroidery cloth : cosmo #3800

no.28 >>> how to make : page **47**
　　　　embroidery cloth : cosmo #3800

no.29 >>> how to make : page 57
　　　　embroidery cloth : cosmo #9000

no.30 >>> how to make : page 57
　　　　embroidery cloth : cosmo #9000

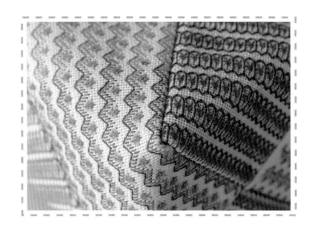

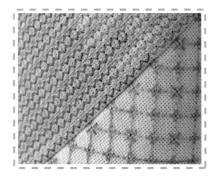

no.31

no.31 >>> how to make : page 48
        embroidery cloth : cosmo #9000

part
4

パッチワーク
[patchwork]

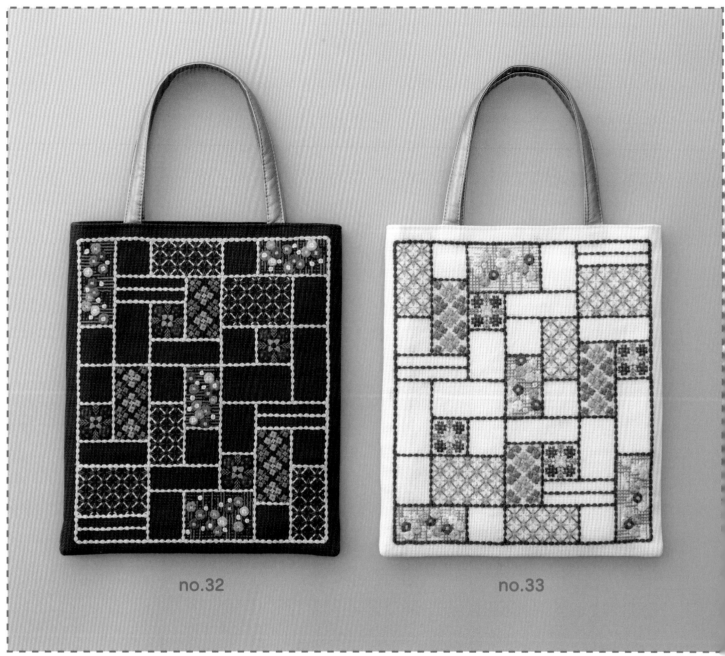

no.32　　　　　　　　　　　　　　　no.33

no.32 >>> how to make : page 49
　　　　embroidery cloth : cosmo #9000

no.33 >>> how to make : page 49
　　　　embroidery cloth : cosmo #9000

no.35 different color pattern

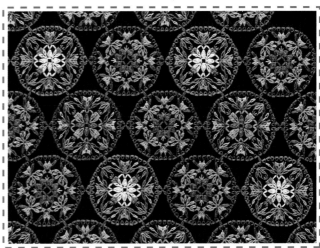

no.34 >>> how to make : page 50
embroidery cloth : cosmo #3900

no.35 >>> how to make : page 51
embroidery cloth : cosmo #3900

no.34

no.36

no.36 >>> how to make : page **64**
　　　　embroidery cloth : cosmo #3800

no.37 >>> how to make : page **64**
embroidery cloth : cosmo #3800

no.38

no.38 >>> how to make : page 52
　　　embroidery cloth : cosmo #9000

no.39 >>> how to make : page **53**
　　　　　embroidery cloth : cosmo #9000

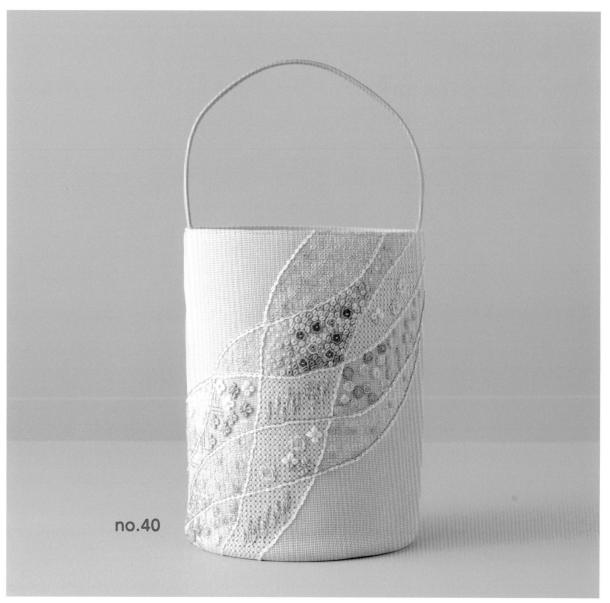

no.40

no.40 >>> how to make : page **54**
embroidery cloth : cosmo #9000

no.41

no.41 >>> how to make : page 56
    embroidery cloth : cosmo #9000

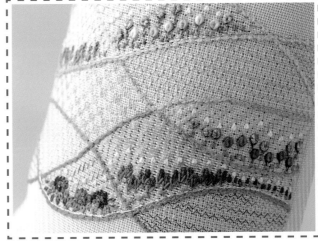

no.42

no.43

no.42 >>> how to make : page **65**
embroidery cloth : cosmo #3900

no.43 >>> how to make : page **65**
embroidery cloth : cosmo #3900

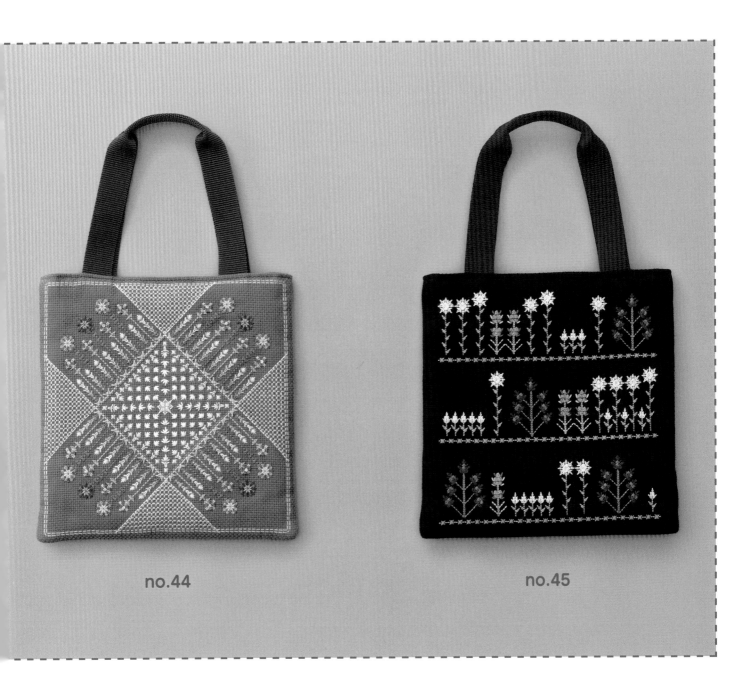

no.44   no.45

no.44 >>> how to make : page 66
          embroidery cloth : cosmo #3900

no.45 >>> how to make : page 66
          embroidery cloth : cosmo #3900

no.46

no.46 >>> how to make : page 58
embroidery cloth : cosmo #3800

no.47

no.47 >>> how to make : page 60
embroidery cloth : cosmo #9000

no.48

no.48 >>> how to make : page 62
embroidery cloth : cosmo #3800

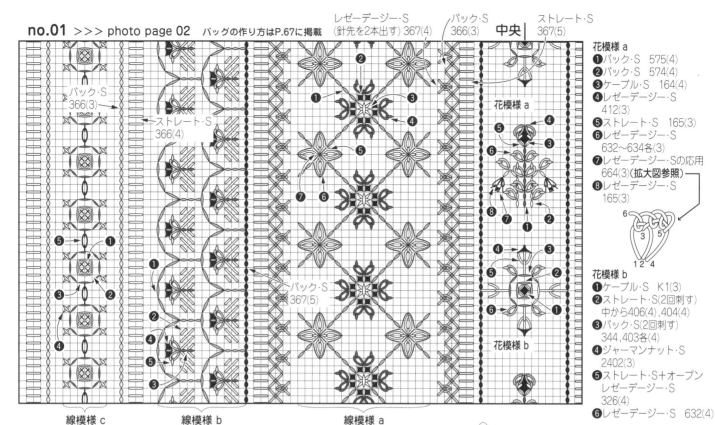

バッグの作り方はP.67に掲載

レゼーデージー・S（針先を2本出す）367(4)

バック・S 366(3)

ストレート・S 367(5)

中央

バック・S 366(3)

ストレート・S 366(4)

バック・S 367(5)

花模様a

花模様b

線模様 c 　　　　線模様 b 　　　　　　線模様 a

花模様a
- ❶バック・S 575(4)
- ❷バック・S 574(4)
- ❸ケーブル・S 164(4)
- ❹レゼーデージー・S 412(3)
- ❺ストレート・S 165(3)
- ❻レゼーデージー・S 632〜634各(3)
- ❼レゼーデージー・Sの応用 664(3)（拡大図参照）
- ❽レゼーデージー・S 165(3)

花模様b
- ❶ケーブル・S K1(3)
- ❷ストレート・S（2回刺す）中から406(4)、404(4)
- ❸バック・S（2回刺す）344、403各(3)
- ❹ジャーマンナット・S 2402(3)
- ❺ストレート・S＋オープンレゼーデージー・S 326(4)
- ❻レゼーデージー・S 632(4)

線模様a
- ❶バック・S 366(3)
- ❷ケーブル・S 403(4)
- ❸ダブルクロス・S 701(3)
- ❹レゼーデージー・S 118(3)
- ❺レゼーデージー・S 2402(4)
- ❻オープンレゼーデージー・S 404(2)
- ❼クロス・S 404(2)

線模様b
- ❶バック・S 366(3)
- ❷ストレート・S 364(3)
- ❸バック・S 117(3)
- ❹ケーブル・S 2663(3)
- ❺レゼーデージー・S 662(3)

線模様c
- ❶クロス・S 702(3)
- ❷ストレート・S（2回刺す）中から344(3)、405(3)
- ❸バック・S（2回刺す）403(3)
- ❹クロス・S 116(3)
- ❺ナッツダーニング・S 117(3)

材料

刺しゅう糸…コスモ25番刺繍糸　グリーン116・117・118、326、632〜634　ブルー164・165、412、662・2663・664　赤344　灰褐色364・366・367　オレンジ2402・403〜406　黄褐色574・575　金茶701・702。コスモラメ糸（解説中はKと表記）1。

材料はP.40、バッグの作り方はP.70に掲載

バラ

❶

❷

❸

❹

線模様

中央

糸番号はno.13(no.14)の順に解説しています。（ ）のないものは共通です。

線模様
- ❶レゼーデージー・S、バック・S 367(2)
- ❷ケーブル・S 368(366)(3)
- ❸オープンレゼーデージー・Sにレゼーデージー・S 367(1) K2(1)｝ミックス

バラ
- ❶バック・S 366(368)(3)
- ❷バック・S 366(368)(1)
- ❸バリオンローズ・S
  花弁：バリオン・S（3段）（使用色と本数は下記参照）
  花芯：シルバーの丸小ビーズをくろ(2)で止める
- ❹レゼーデージー・S＋ストレート・S 536(3) 2664(1)｝ミックス K1(1)

no.13：写真参照の上、配色する。

中から	中から	中から	中から	中から
858(3)	405(3)	245(3)	486(3)｝ミックス	115(3)
855(3)	403(3)	242(3)	286(1)	114(3)
853(2)｝ミックス	2402(2)｝ミックス	241(3)	484(3)｝ミックス	113(2)｝ミックス
K1(1)	K1(1)		284(1)	K1(1)
			483(2)｝ミックス	
			K1(1)	

no.14：交互に配色する。

中から	中から
365(3)	367(3)
364(3)	366(3)
白(2)｝ミックス	365(2)｝ミックス
K1(1)	K1(1)

バック・S
M21(4)

レゼーデージー・S
(針先を2本出す) M21(3)

クロス・S
2981(4)

バック・S
983(3)

花模様 d

花模様 b

花模様 c

花模様 a

クロス・S
M21(4)

バック・S
983(3)

中央

中央

材料

刺しゅう糸…コスモ25番刺繍糸　ブルー213、2663　えんじ2240・241・242・
245　茶308〜310　グリーン2317・318・319、326、632・633　赤2343・344
オレンジ403〜405　ピンク499・502・503・505・506、835　黄褐色574・575
オリーブ684　金茶701　ブルーグレー733　藍ねず2981・982・983　白100。
コスモマーブルスレッド(解説中はMと表記)　21。

花模様 a

❶チェーンダーニング・Sの応用D
　241・242各(4)
❷オープンレゼーロープ(❶の糸をすくう)
　2240・241各(4)
❸ジャーマンナット・S 733(3)
❹ダブルクロス・S 213(3)
❺レゼーデージー・S 2317(3)
❻バック・S 575(3)
❼チェーンダーニング・S、レゼーデージー・S
　318・319各(3)
❽プレーンナット・S 835(2)
❾レゼーデージー・Sの応用 241(3)
　(刺し方参照)
❿レゼーロープ(❽の糸をすくう) 241(3)
⓫バック・S 983(3)
⓬ケーブル・S 245(4)
⓭ストレート・S(2回刺す) 白(4)
⓮レゼーデージー・S 684(3)
⓯フレンチナット・S 701(3)

❾ 刺し方

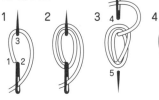

花模様 b

❶ストレート・S＋ボタンホール・S
　2663、白各(4)
❷バック・S 326(4)
❸フレンチナット・S(ゆるく刺す) 633(4)
❹バック・S 575(3)
❺レゼーデージー・S＋チェーンダーニング・S
　632(2) ┐ミックス
　982(2) ┘

花模様 c

❶ケーブル・S 2343、403・405各(3)
❷レゼーデージー・S 344、404各(3)
❸バック・S 575(3)
❹レゼーデージー・S
　318・319各(3)(適当に刺す)
❺タテに糸を渡す 309(3)
❻ストレート・S 308(3)
❼バック・S 310(3)

花模様 d

❶ケーブル・S 506(3)
❷レゼーデージー・S 982(3)
❸チェーンダーニング・Sの応用D 505(3)
❹ジャーマンナット・S 503(3)
❺レゼーデージー・S 502(3)
❻バック・S 574(3)
❼レゼーデージー・Sの応用 白(3)
　(拡大図参照)
❽レゼーデージー・S 318(3)
❾レゼーデージー・S 499(3)

材料はP.46、バッグの
作り方はP.67に掲載

糸番号はno.03(no.04)の順に解説しています。( )のない
ものは共通です。模様の配置は写真を参照して下さい。

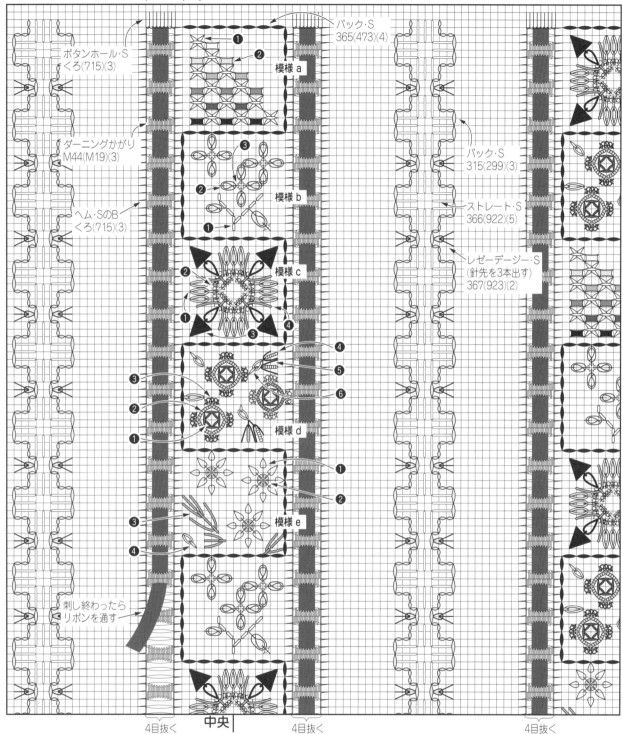

ボタンホール・S
くろ(715)(3)

ダーニングかがり
M44(M19)(3)

ヘム・SのB
くろ(715)(3)

刺し終わったら
リボンを通す

バック・S
365(473)(4)

模様 a

模様 b

模様 c

模様 d

模様 e

バック・S
315(299)(3)

ストレート・S
366(922)(5)

レゼーデージー・S
(針先を3本出す)
367(923)(2)

4目抜く 中央 4目抜く 4目抜く

模様 a
❶クロス・S＋ストレート・S　325(4)
❷四角いジャーマンナット・S
　141〜146(162〜165)各(5)

模様 b
❶バック・S　924(535)(4)
❷チェーンダーニング・Sの応用D
　白(299)(4)
❸ナッツダーニング・S
　(❷の糸をすくう)　142(302)(2)

模様 c
❶レゼーデージー・S　367(475)(3)
❷ストレート・S＋ボタンホール・S
　368(476)(3)
❸レゼーデージー・Sにジャーマン
　ナット・S　366(474)(3)
❹オープンレゼーデージー・S
　366(474)(3)

模様 d
❶ストレート・S(2回刺す)
　483〜485(2241・242)各(3)
❷バリオン・S　482・483(241・2241)各(3)
❸ストレート・S＋ボタンホール・S
　481・482(2240・241)各(3)
❹バリオン・S　485(2240)(3)
❺オープンレゼーデージー・S　535(534)(3)
❻レゼーデージー・S　535(534)(3)

模様 e
❶レゼーデージー・S　M44(M38)(3)
❷ウィーピング・S(❶の糸をすくう)
　M15(323)(2)
❸リーフ・S　2424(335)(4)
❹レゼーデージー・S　M44(M38)(3)

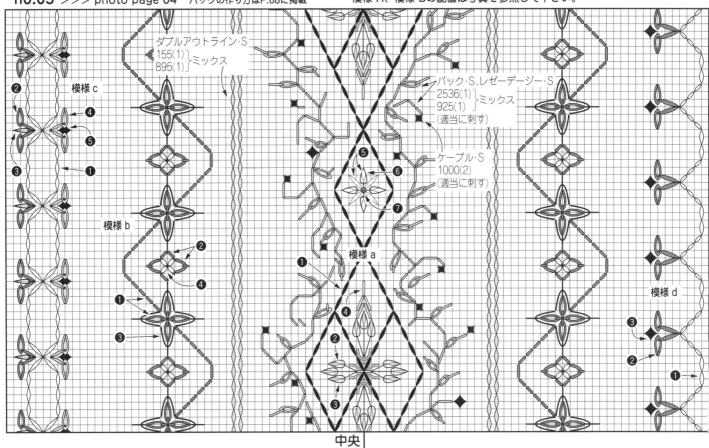

模様 c

ダブルアウトライン・S
155(1)
895(1) }ミックス

模様 b

模様 a

模様 d

バック・S、レゼーデージー・S
2536(1)
925(1) }ミックス
(適当に刺す)

ケーブル・S
1000(2)
(適当に刺す)

中央

模様 a
❶バック・S
　476(1)
　894(1) }ミックス
❷ストレート・S(2回刺す)　900(3)
❸レゼーデージー・S
　(❷を囲む)　901(1)
❹ストレート・S　367(2)
❺ストレート・S(2回刺す)　486(3)
❻レゼーデージー・S　484(1)
❼フレンチナット・S　K42(2)

模様 b
❶レゼーデージー・S、バック・S
　375(1)
　900(1) }ミックス
❷オープンレゼーデージー・S、
　ストレート・S　375(1)
　　　　　　　　900(1) }ミックス
❸オープンレゼーデージー・S
　369(1)
　734(1) }ミックス
❹ストレート・S(2回刺す)
　176(1)
　286(1) }ミックス

模様 c
❶バック・S
　369(1)
　734(1) }ミックス
❷レゼーデージー・S
　2536(1)
　925(1) }ミックス
❸レゼーデージー・S
　176(1)
　286(1) }ミックス
❹レゼーデージー・S
　925(4)
❺ケーブル・S　176(3)

模様 d
❶バック・S
　476(1)
　894(1) }ミックス
❷レゼーデージー・S
　2536(1)
　925(1) }ミックス
❸ケーブル・S　176(3)

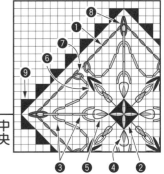

模様 A　　　中央

模様 B　　　中央

中央

中央

❶バック・S　K42(2)
❷バック・S、レゼーデージー・S、
　オープンレゼーデージー・S、
　ストレート・S　2536(1)
　　　　　　　　　925(1) }ミックス
❸ストレート・S(2回刺す)　486(3)
❹レゼーデージー・S、ジャーマンナット・S、
　バック・S　375(1)
　　　　　　　900(1) }ミックス
❺レゼーデージー・S(❸を囲む)　K42(2)
❻レゼーロープ(❷、❸の糸をすくう)
　白(2)
❼ジャーマンナット・S
　476(1)
　894(1) }ミックス

❶バック・S　K42(2)
❷ジャーマンナット・S　486(4)
❸バック・S、オープンレゼーデージー・S
　375(1)
　900(1) }ミックス
❹ストレート・S(2回刺す)　486(4)
❺レゼーデージー・S(❹を囲む)　白(1)
❻ストレート・S(2回刺す)　白(2)
❼レゼーロープ(❸の糸をすくう)　白(2)
❽レゼーロープ(❸の糸をすくう)　2120(2)
❾ジャーマンナット・S
　476(1)
　894(1) }ミックス

🛍 **材料**

刺しゅう糸…コスモ25番刺繍糸　グリーン2120、2536、925　グレー155、476、894・895　青紫176　紫286　灰褐色367・369　浅葱375　赤紫484・486　ブルーグレー734　ブルーグリーン900・901　ベージュ1000　白100。
コスモラメ糸(解説中はKと表記)　42。

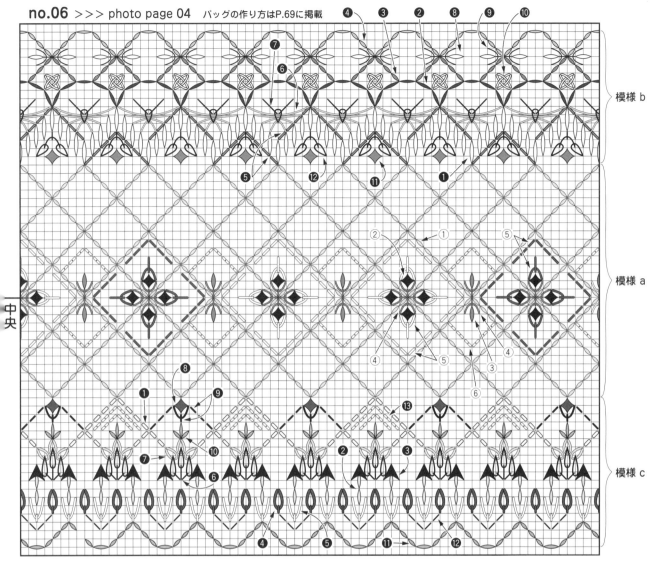

模様 b

模様 a

中央

模様 c

模様 a
① バック・S
　366(1)
　367(1) ｝ミックス
② ケーブル・S　482(3)
③ ストレート・S (2回刺す)
　173(2)
　482(1) ｝ミックス
④ オープンレゼーデージー・S　923(2)
⑤ バック・S, オープンレゼーデージー・S
　368・369各(1)(交互に配色する)
⑥ バック・S　K42(2)

材料

刺しゅう糸…コスモ25番刺繍糸　グリーン
117・2117、317、534、922・923　青紫173
浅葱251　紫281・282・283　灰褐色366～369
赤紫482・483　ブルー523、662・2662・663
トルコブルー562　オリーブ683・684　白
2500。
コスモマーブルスレッド(解説中はMと表記)
13、43。
コスモラメ糸(解説中はKと表記)　42。

模様 b
❶ ストレート・S
　683(1)
　922(1) ｝ミックス
　923(1)
❷ バック・S　367(1)
　　　　　　684(1) ｝ミックス
❸ バック・S　367(1)
　　　　　　683(1) ｝ミックス
❹ バック・S　366(1)
　　　　　　367(1) ｝ミックス
❺ バック・S　534(1)
　　　　　　923(1) ｝ミックス
❻ ストレート・S　M13(3)
❼ レゼーデージー・S (❻の糸をすくい、
　　針先を2本出す)　368(1)
❽ ストレート・S (2回刺す)　白(3)
❾ オープンレゼーデージー・S　M43(3)
❿ クロス・Sの応用　282(1)
　　　　　　　　662(1) ｝ミックス
　　　　　　(刺し方参照)
⓫ ケーブル・S　251(3)
⓬ オープンレゼーデージー・S＋レゼーロープ
　281(1)
　523(1) ｝ミックス

模様 b
❿ 刺し方

7　　　2
3　　　6
1　　　8
5　　　4

模様 c
❶ バック・S
　117(1)
　2117(1) ｝ミックス
　317(1)
❷ バック・S
　117(1)
　2117(1) ｝ミックス
　317(1)
❸ ジャーマンナット・S　M13(3)
❹ レゼーデージー・S　562(3)
❺ オープンレゼーデージー・S　523(2)
❻ レゼーデージー・S　684(1)
❼ レゼーロープ (❻の糸をすくう)
　662(1)
　2662(1) ｝ミックス
❽ ケーブル・S　白(3)
❾ バック・S, オープンレゼーデージー・S
　173(1)
　663(1) ｝ミックス
❿ ストレート・S
　283(1)
　483(1) ｝ミックス
⓫ バック・S　367(2)
⓬ バック・S　684(2)
⓭ バック・S　K42(2)

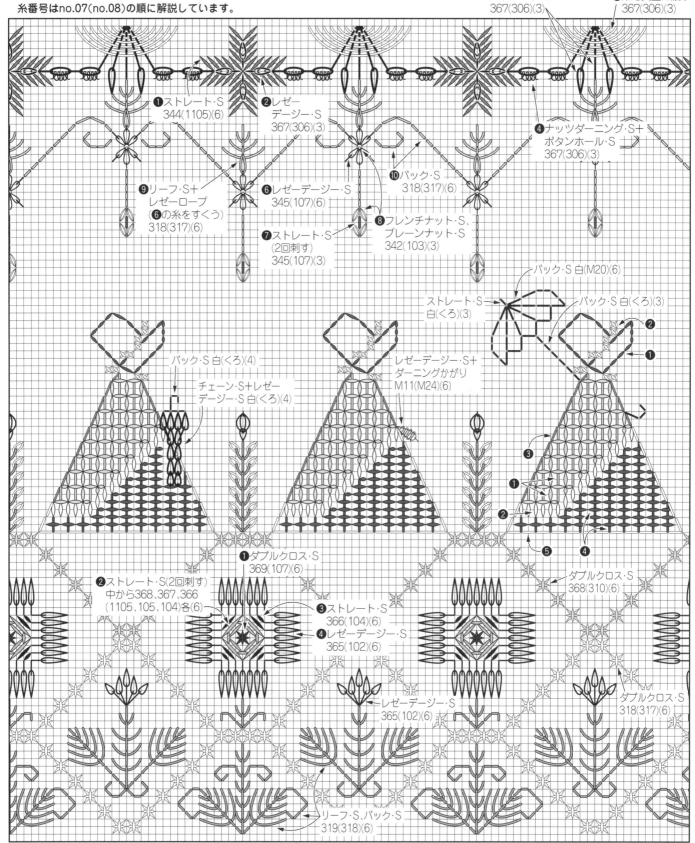

❸レゼーデージー・S、
ストレート・S
367(306)(3)

❺糸を交互に渡す
367(306)(3)

❶ストレート・S
344(1105)(6)

❷レゼー
デージー・S
367(306)(3)

❹ナッツダーニング・S＋
ボタンホール・S
367(306)(3)

⑨リーフ・S＋
レゼーロープ
(❻の糸をすくう)
318(317)(6)

❻レゼーデージー・S
345(107)(6)

⑩バック・S
318(317)(6)

❼ストレート・S
(2回刺す)
345(107)(3)

⑧フレンチナット・S、
プレーンナット・S
342(103)(3)

バック・S 白(M20)(6)

ストレート・S
白(くろ)(3)

バック・S 白(くろ)(3)

バック・S 白(くろ)(4)

チェーン・S＋レゼー
デージー・S 白(くろ)(4)

レゼーデージー・S＋
ダーニングかがり
M11(M24)(6)

❶ダブルクロス・S
369(107)(6)

❷ストレート・S(2回刺す)
中から368、367、366
(1105、105、104)各(6)

❸ストレート・S
366(104)(6)

❹レゼーデージー・S
365(102)(6)

ダブルクロス・S
368(310)(6)

ダブルクロス・S
318(317)(6)

レゼーデージー・S
365(102)(6)

リーフ・S、バック・S
319(318)(6)

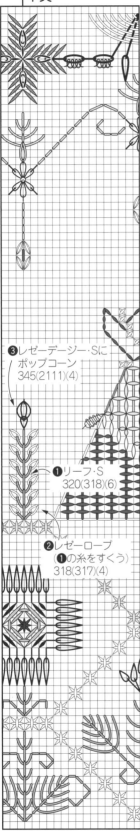

中央

女の子の刺し方(三人共通)
糸番号は、中央の女の子から左側の女の子へ順に
解説しています。

洋服
❶タテに糸を渡す+バック・S
中央からM37(M25)、M17(M49)、M31(M16)各(6)
❷ストレート・S
中央からM37(M25)、M17(M49)、M31(M16)各(3)
❸バック・S
中央からM37(M25)、M17(M49)、M31(M16)各(6)
❹タテに糸を渡す+ストレート・S
中央からM12(M20)、M14(M50)、M48(M47)各(6)
❺バック・S
中央からM12(M20)、M14(M50)、M48(M47)各(6)

帽子
❶バック・S
中央から342(2172)、142(297)、482(352)各(6)
❷クロス・S
中央から344(174)、144(300)、485(354)各(3)

材料

no.07
刺しゅう糸…コスモ25番刺繍糸　黄142・144
グリーン318・319・320　赤342・344・345　灰
褐色365〜369　赤紫482・485　白500。
コスモマーブルスレッド(解説中はMと表記)
11、12、14、17、31、37、48。

no.08
刺しゅう糸…コスモ25番刺繍糸　ピンク102〜
105・1105・107、2111、352・354　青紫2172・
174　黄297・300　茶306・310　グリーン317・
318　くろ。
コスモマーブルスレッド(解説中はMと表記)
16、20、24、25、47、49、50。

no.25　no.26 >>> photo page 16　材料はP.41、バッグの作り方はP.72に掲載

糸番号はno.25(no.26)の順に解説しています。( )のないものは共通です。

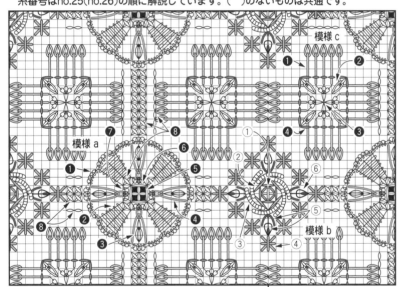

中央

③レゼーデージー・Sに
ポップコーン
345(2111)(4)

❶リーフ・S
320(318)(6)

②レゼーロープ
(①の糸をすくう)
318(317)(4)

模様a
❶ストレート・S+
ボタンホール・S
364(3)
❷ストレート・S+
ダーニングかがり
364(3)
❸レゼーデージー・Sに
ポップコーン　M47(3)
❹オープンレゼー
デージー・Sに
レゼーデージー・S
333(3)
❺ケーブル・S　336(3)
❻バック・S　336(2)
❼ストレート・S+
ボタンホール・S
411(2)
❽クロス・S、バック・S
K2(3)

模様b
①クロス・S(十字に刺す)　K2(4)
②ストレート・S(2回刺す)　中から
340・341、750〜752(481・483、499・501・502)各(3)
340・341、750〜752(481・482、499・501・502)各(3)
140・141、340・341、750(480〜482、499・502)各(3)
③バリオンローズ・S
111・2111、480、499・501(220、480〜482、501)各(3)
④ダブルクロス・S
842〜846(2662・663・2663・664・2664)各(3)
⑤プレーンナット・S、オープンレゼーデージー・S
2251・252、371、411・412(333〜337)各(2)
⑥レゼーデージー・S(⑤のプレーンナット・Sを囲む)
251・2251・252、410・411(334〜336、842・896)各(3)
(①〜⑥は写真参照の上、グラデーションになるように配
色します)

模様c
①レゼーデージー・S(針先を伸ばす)
842〜845、896(662・2662・663・2663・664)各(4)
②レゼーデージー・S
842〜845(2663・664・2664・665)各(3)
③レゼーデージー・Sにポップコーンの応用
843〜846(664・2664・665・667)各(2)
(刺し方参照)
④バック・S(①を止める)
899〜902(664・2664・665・667・669)各(1)
(①〜④は写真参照の上、グラデーションになるように配色します)

1　2　3　4

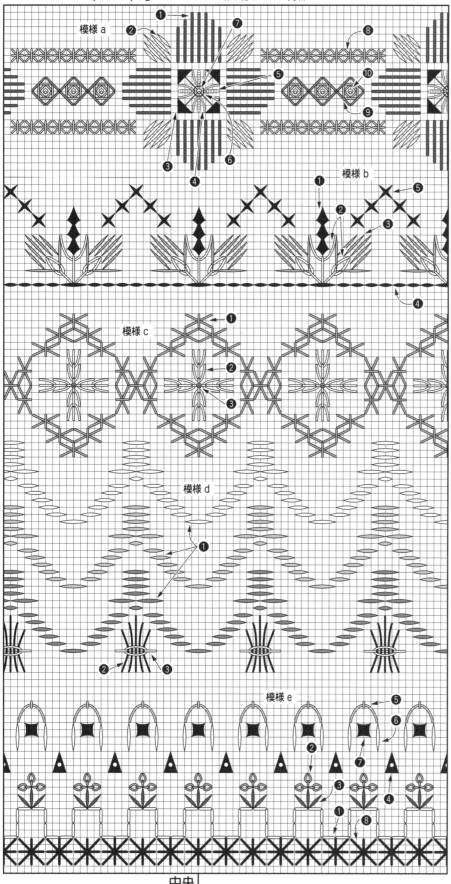

模様a
模様a
②
①
⑦
⑧
⑤
⑩
⑨
③
⑥
④

模様b
①
②
③
⑤
④

模様c
①
②
③

模様d
①
②
③

模様e
⑤
⑥
②
⑦
③
④
①
⑧

中央

模様a
❶ストレート・S　486(4)
❷ストレート・S　155(3)
❸ジャーマンナットダーニング・S　2323(2)
❹オープンレゼーデージー・S　383(2)
❺バリオン・S　300(2)
❻ウィービング・S(❸の糸をすくう)　336(2)
❼フレンチナット・S　145(3)
❽ダブルクロス・S　481(2)
❾ストレート・S　中から481(2)、323(3)
❿フレンチナット・S　336(2)

模様b
❶ケーブル・S　M42(3)
❷オープンレゼーデージー・S、レゼーデージー・S　364(3)
❸ストレート・S　633(3)
❹バック・S　982(2)
❺クロス・S　982(2)

模様c
❶クロス・S＋ストレート・S　983(3)
❷リーフ・S　980(2)
❸フレンチナット・S　346(2)

模様d
❶ストレート・S　上から386(2) 703(2) 766(2) M12(2) M14(2) M20(2) ｝ミックス
❷ストレート・S　白(3)
❸ナッツダーニング・S(❷を束ねる)　145(3)

模様e
❶バック・S　764(3)
❷レゼーデージー・S　282(2)
❸ストレート・S　281(3)
❹ジャーマンナット・S　486(3)
❺オープンレゼーデージー・S　664(3)
❻ストレート・S　664(1)
❼四角いジャーマンナット・S　283(3)
❽ダブルクロス・S　766(4)

🛍️材料　刺しゅう糸…コスモ25番刺繍糸　黄145、300　グレー155　紫281・282・283、764・766　グリーン323・2323、336、633　赤346　灰褐色364　茶383・386　赤紫481・486　ブルー664　金茶703　藍ねず980・982・983　白500。
コスモマーブルスレッド(解説中はMと表記)
12、14、20、42。

no.13　no.14 >>> photo page 09
解説はP.33に掲載

🛍️材料

no.13
刺しゅう糸…コスモ25番刺繍糸　ピンク
113・114・115　えんじ241・242・245　紫
284・286　灰褐色366～368　オレンジ
2402・403・405　赤紫483・484・486　グ
リーン536　ブルー2664　赤茶853・855・
858　くろ。
コスモラメ糸(解説中はKと表記)　1、2。
その他…丸小ビーズ(シルバー)　適宜。

no.14
刺しゅう糸…コスモ25番刺繍糸　灰褐色
364～368　グリーン536　ブルー2664　白
100　くろ。
コスモラメ糸(解説中はKと表記)　1、2。
その他…丸小ビーズ(シルバー)　適宜。

クロス・S 282(3)

中央

クロス・S
766(2)

クロス・S
766(2)

模様 a

模様 b

バック・S
766(3)

バック・S
761(4)

模様 d

模様 c

模様 a
①レゼーデージー・S　141(3)
②ウィービング・S(①の糸をすくう)　663(2)
③ストレート・S　2323(4)
④ストレート・S、オープンレゼーデージー・S
　766(3)
⑤レゼーロープ(④の糸をすくう)　143(3)
⑥ストレート・S(小さく止める)、
　プレーンナット・S　405(2)
⑦レゼーデージー・Sにポップコーン
　2111(4)

模様 b
①レゼーデージー・S　297(3)
②フレンチナット・S　664(2)
③バック・S　324(2)
④クロス・S　325(2)
⑤四角いジャーマンナット・S　663(3)

模様 d
①バック・S　155(2)
②バック・S　2154(2)
③クロス・S　152(2)
④バック・S　155(2)
⑤ナッツダーニング・S　153(2)
⑥四角いジャーマンナット・S
　(⑤の糸をすくう)　663(2)

模様 c
①バック・S　766(4)
②オープンレゼーデージー・S　2762(3)
③ストレート・S　664(2)
④ストレート・S(2回刺す)　2111(3)
⑤バリオンリング・S
　(ストレート・Sで止める)　486(3)
⑥リーフ・S　323(2)
⑦リーフ・S　761(2)
⑧ジャーマンナット・S　327(3)
⑨ジャーマンナット・S　287(3)
⑩四角いジャーマンナット・S
　282,325各(3)(交互に配色する)
⑪バック・S　334(2)
⑫ナッツダーニング・S　380(3)
⑬ダブルクロス・S　700(3)
⑭レゼーロープ(⑬の糸をすくう)、
　ストレート・S(⑫を止める)　336(4)
⑮四角いジャーマンナット・S　405(2)
⑯レゼーデージー・S(針先を3本出す)
　2111(2)

材料
刺しゅう糸…コスモ25番刺繍糸ピンク2111
黄141・143、297　グレー152・153・2154・
155　紫282・287、761・2762・766　グリーン
323・2323・324・325・327、334・336　茶
380　オレンジ405　赤紫486　ブルー663・
664　金茶700。

no.25　no.26 >>> photo page 16
解説はP.39に掲載

材料

no.25
刺しゅう糸…コスモ25番刺繍糸　ピンク111・2111
黄140・141　浅葱251・2251・252、371　グリーン
333・336　赤340・341　灰褐色364　ブルー410〜412
赤紫480　ピンクローズ499・501　朱750〜752　ブルー
グリーン842〜846、896・899〜902。
コスモマーブルスレッド(解説中はMと表記)　47。
コスモラメ糸(解説中はKと表記)　2。

no.26
刺しゅう糸…コスモ25番刺繍糸　ローズ220　グリー
ン333〜337　灰褐色364　ブルー411、662・2662・
663・2663・664・2664・665・667・669　赤紫480〜
483　ピンクローズ499・501・502　ブルーグリーン
842・896。
コスモマーブルスレッド(解説中はMと表記)　47。
コスモラメ糸(解説中はKと表記)　2。

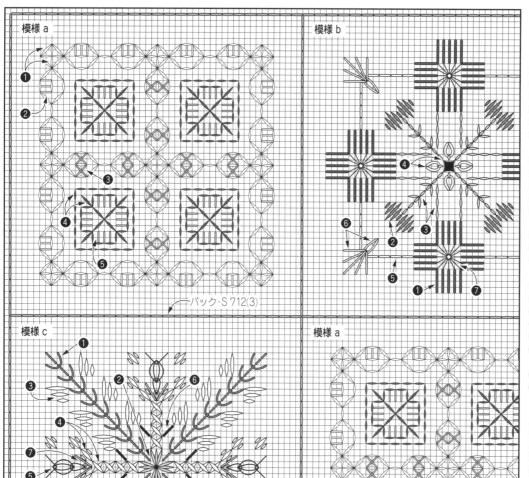

模様a

❶

❷

❸

❹

❺

←バック・S 712(3)

模様c

❶

❸

❷

❻

❹

❼

❺

模様b

❹

❻

❷

❸

❺

❶

❼

模様a

no.11 >>> photo page 08

バッグの作り方はP.70に掲載

模様の配置は写真を参照して下さい。

模様a
❶ バック・S、ストレート・S　712(3)
❷ ストレート・S　480(3)
❸ クロス・S　481(3)
❹ バック・S　714(3)
❺ ストレート・S　821(3)

模様b　全て713で刺す
❶ ストレート・S　(4)
❷ ストレート・S　(4)
❸ バック・S、ストレート・S　(3)
❹ 四角いジャーマンナット・S、
　レゼーデージー・S　(4)
❺ バック・S　(1)
❻ ストレート・S＋レゼーロープ　(1)
❼ ストレート・S(きつめに糸を引く)　(1

模様c
❶ リーフ・S　715(3)
❷ ストレート・S　715(3)
❸ ストレート・S　713(4)
❹ クロス・S、ストレート・S　713(4)
❺ レゼーデージー・Sにポップコーン
　(針先を2本出す)　715(4)
❻ ストレート・S　821(4)
❼ ストレート・S、レゼーロープ
　(❺の糸をすくう)　822(4)

材料

刺しゅう糸…コスモ25番刺繍糸
赤紫480・481　灰褐色712〜715
グリーン821・822。

中央

中央

図案 1入る

バック・S 713(4)
(タテ、ヨコ101個ずつ刺す)

バック・S 713(4)

模様a

❷

❶

❸

❹

模様b

❶

❸

❷

中心

図案 2入る

no.12 >>> photo page 08

バッグの作り方はP.70に掲載

模様a
❶ ストレート・S　714(4)
❷ ストレート・S　713(3)
❸ バック・S　713(3)
❹ ストレート・S　713(3)

模様b
❶ ストレート・S　713・715各(3)
❷ ストレート・S、レゼーデージー・S　713・715各(3)
❸ ケーブル・S　713・715各(3)
❹ バック・S　713・715各(4)

材料

刺しゅう糸…コスモ25番刺繍糸　黄141・143
青紫173　茶310、385、424・2424・425・426
グリーン2317、631・632〜634、922〜924　灰褐
色364、713〜715　グレー474・475　赤紫482・
484　ピンクローズ506　トルコブルー562・563・
564　藍ねず980・981・982　ベージュ1000。

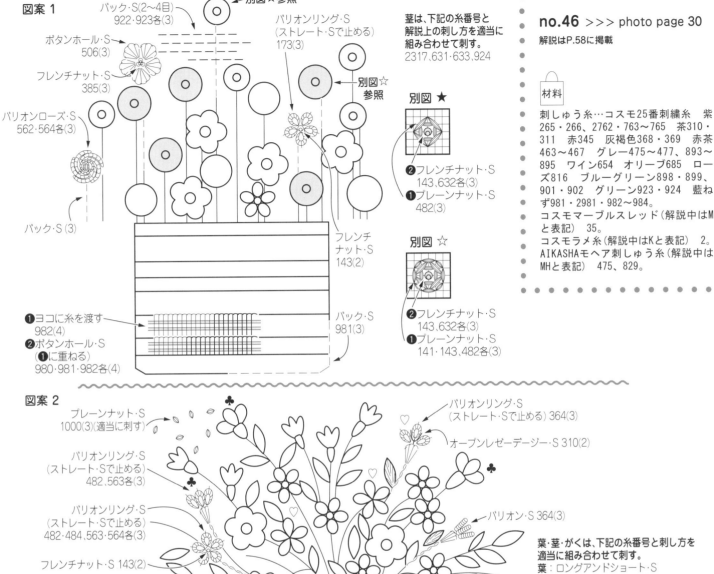

図案 1

バック・S(2〜4目)
922・923各(3)

→別図★参照

ボタンホール・S
506(3)

フレンチナット・S
385(3)

バリオンリング・S
(ストレート・Sで止める)
173(3)

別図☆
参照

バリオンローズ・S
562・564各(3)

バック・S(3)

❶ヨコに糸を渡す
982(4)
❷ボタンホール・S
(❶に重ねる)
980・981・982各(4)

フレンチ
ナット・S
143(2)

バック・S
981(3)

茎は、下記の糸番号と
解説上の刺し方を適当に
組み合わせて刺す。
2317,631・633,924

別図 ★

❷フレンチナット・S
143,632各(3)
❶プレーンナット・S
482(3)

別図 ☆

❷フレンチナット・S
143,632各(3)
❶プレーンナット・S
141・143,482各(3)

no.46 >>> photo page 30

解説はP.58に掲載

材料

刺しゅう糸…コスモ25番刺繍糸　紫
265・266、2762・763〜765　茶310・
311　赤345　灰褐色368・369　赤茶
463〜467　グレー475〜477、893〜
895　ワイン654　オリーブ685　ロー
ズ816　ブルーグリーン898・899、
901・902　グリーン923・924　藍ね
ず981・2981・982〜984。
コスモマーブルスレッド(解説中はM
と表記)　35。
コスモラメ糸(解説中はKと表記)　2。
AIKASHAモヘア刺しゅう糸(解説中は
MHと表記)　475、829。

図案 2

プレーンナット・S
1000(3)(適当に刺す)

バリオンリング・S
(ストレート・Sで止める)
482・563各(3)

バリオンリング・S
(ストレート・Sで止める)
482・484,563・564各(3)

フレンチナット・S 143(2)

ボタンホール・S
506(3)

フレンチナット・S
385(3)

アウトライン・S
424・2424・425・426各(4)

❶ヨコに糸を渡す 981(4)
❷クロス・S(❶に重ねる)
2424・425・426各(2)
または980・981各(3)

バリオンリング・S
(ストレート・Sで止める) 364(3)

オープンレゼーデージー・S 310(2)

バリオン・S 364(3)

葉・茎・がくは、下記の糸番号と刺し方を
適当に組み合わせて刺す。
葉：ロングアンドショート・S
　　2317,633・634,923各(3)
茎：アウトライン・S
　　474・475,633,924各(2)または(3)
がく：ボタンホール・S 924(2)

ボタンホール・S
424・2424・425・426各(4)

❶ヨコに糸を渡す 2424(4)
❷ボタンホール・S(❶に重ねる) 426(4)

アウトライン・S 425(3)

模様 A

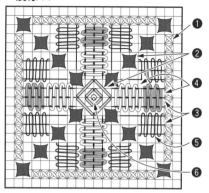

糸番号はA 1、A 2…A 8の順に解説しています
（配置図参照）。
- ❶クロス・S
　266,367,255,263,174,263,2412,663各(2)
- ❷ケーブル・S、ストレート・S
　664,175,265,265,174,663,264,554各(4)
- ❸ストレート・S
　2664,266,253,764,264,2262,2262,174各(3)
- ❹ダーニングかがり（❸の糸をすくう）
　（2段）外から
　263,367,255,M20,844,263,2412,663各(2)
　266,263,2262,174,M20,173,M28,263各(2)
- ❺ダーニングかがり（❸の糸をすくう）
　174,665,175,2253,253,M28,261,M20各(2)
- ❻フレンチナット・S　K1(4)

模様 B

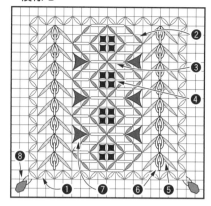

糸番号はB 1、B 2…B 7の順に解説しています
（配置図参照）。
- ❶バック・S
　M35,2664,664,2323,414,254,2663各(3)
- ❷バック・S
　2663,415,M27,844,2663,2412,899各(4)
- ❸ストレート・S
　2664,216,413,846,665,413,896各(4)
- ❹ケーブル・S
　326,664,325,255,414,305,254各(4)
- ❺ストレート・S
　900,M35,664,413,899,899,2412各(4)
- ❻レゼーデージー・S
　415,326,900,M27,324,663,414各(3)
- ❼ジャーマンナット・S
　M35,2664,900,2323,414,254,2663各(3)
- ❽クリスタルカットビーズ（ブルー）　669(4)で止める
　（配置図参照の上、配置する）

no.19 >>> photo page 12

バッグの作り方はP.71に掲載

材料

刺しゅう糸…コスモ25番刺繍糸　青紫173〜175
ブルー216、2412・413〜415、663・2663・664・
2664・665・669　浅葱253・2253・254・255　紫
261・2262・263〜266、764　茶305　グリーン2323・
324〜326　灰褐色367　紫紺554　ブルーグリー
ン844・846、896・899・900。
コスモマーブルスレッド（解説中はMと表記）　20、
27、28、35。
コスモラメ糸（解説中はKと表記）　1。
その他…クリスタルカットビーズ（ブルー）　10個。

配置図

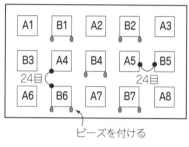

ビーズを付ける

- -

模様 A

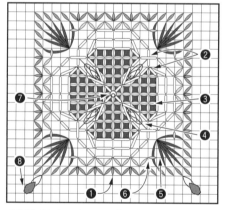

糸番号はA 1、A 2…A 8の順に解説しています
（配置図参照）。
- ❶バック・S、ストレート・S
　893,893,474,892,2981,983,982,982各(3)
- ❷バック・S
　474,892,343,147,893,188,858,892各(4)
- ❸ケーブル・S
　404,2402,147,187,2343,345,404,344各(3)
- ❹チェーンダーニング・Sの応用D
　504,2343,344,M46,345,147,894,505各(3)
- ❺ストレート・S
　504,2343,344,M46,405,147,M46,345各(3)
- ❻バック・S（❺を止めながら刺す）
　368,147,368,894,405,2981,894,345各(3)
- ❼フレンチナット・S　K2(6)
- ❽クリスタルカットビーズ（透明）　404(4)で止める
　（配置図参照の上、配置する）

模様 B

糸番号はB 1、B 2…B 7の順に解説しています
（配置図参照）。
- ❶バック・S
　893,475,475,893,764,764,893各(3)
- ❷バック・S
　476,765,155,893,714,474,283各(4)
- ❸チェーン・S
　893,368,764,924,765,764,154各(3)
- ❹リーフ・S＋バック・S
　763,2343,475,764,893,894,765各(4)
- ❺ナッツダーニング・S
　M20,764,923,2762,763,764,893各(3)
- ❻ストレート・S（❺を止める）
　923,764,923,2762,763,764,893各(3)
- ❼プレーンナット・S
　923,684,924,893,283,474,283各(3)
- ❽ストレート・S　K1(2)

no.20 >>> photo page 13

バッグの作り方はP.71に掲載

材料

刺しゅう糸…コスモ25番刺繍糸　黄147　グレー154・
155、474〜476、892〜894　茶187・188　紫283、
2762・763〜765　赤343・2343・344・345　灰褐色
368、714　オレンジ2402・404・405　ピンクロー
ズ504・505　オリーブ684　赤茶858　グリーン
923・924　藍ねず2981・982・983。
コスモマーブルスレッド（解説中はMと表記）　20、
46。
コスモラメ糸（解説中はKと表記）　1、2。
その他…クリスタルカットビーズ（透明）　8個。

配置図

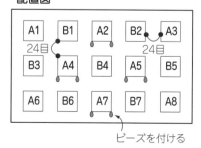

ビーズを付ける

no.21 >>> photo page 14　バッグの作り方はP.72に掲載

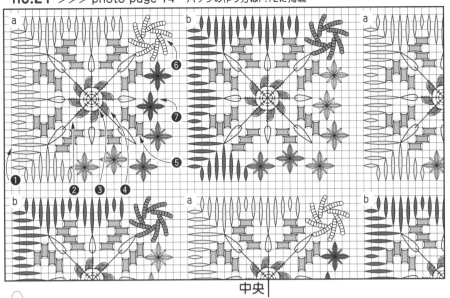

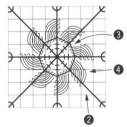

中央|

糸番号はa(b)の順番に解説しています。
❶ストレート・S　762(764)(3)
❷レゼーデージー・S　763(2762)(3)
❸ウィービング・S(❷の糸をすくう)　765(761)(2)
❹ダーニングかがり(❷、❸の糸をすくう)　764(762)(3)
(❸、❹拡大図参照)
❺四角いジャーマンナット・S　2762(763)(2)
❻バリオンローズ・S　437(431)(3)
❼プレーンナット・S、ストレート・S(2回刺す)
　431〜436(432〜437)(2)

❸、❹ 拡大図

🛍 材料

刺しゅう糸…コスモ25番刺繍糸　あずき色431〜437
紫761・762・2762・763〜765。

---

no.22 >>> photo page 14　バッグの作り方はP.72に掲載

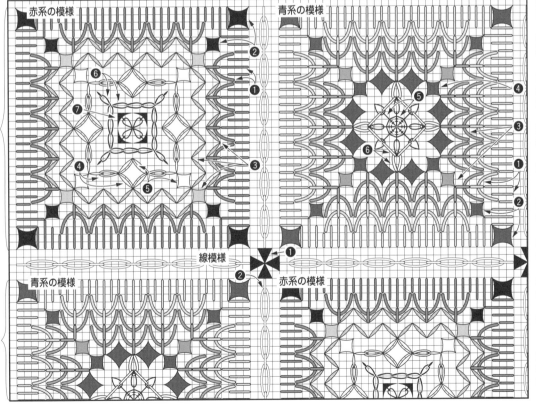

赤系の模様　青系の模様
青系の模様　赤系の模様
線模様

糸番号は上段(下段)の順に解説して
います。( )のないものは共通です。

赤系の模様
❶ストレート・S、オープン
　レゼーデージー・S　2241(103)(3)
❷ケーブル・S　2241(103)(3)
❸バック・S、ケーブル・S　2105(3)
❹バック・S、レゼーデージー・S
　103(106)(3)
❺ケーブル・S　103(106)(3)
❻チェーン・S、レゼーデージー・S
　344(2241)(3)
❼レゼーデージー・Sにジャーマン
　ナット・S　344(2241)(3)

青系の模様
❶ストレート・S、オープンレゼー
　デージー・S　212(2214)(3)
❷ケーブル・S　212(2214)(3)
❸オープンレゼーデージー・S、
　ケーブル・S　2212(213)(3)
❹ケーブル・S　213(2212)(3)
❺レゼーデージー・S＋ウィービング・S
　2214(212)(3)
❻バック・S、レゼーロープ(❺の糸を
　すくう)　2214(212)(3)

線模様
❶ジャーマンナット・S　473(3)
❷ナッツダーニング・S　473(3)

🛍 材料

刺しゅう糸…コスモ25番刺繍糸　ピンク103・2105・106　ブルー212・
2212・213・2214　えんじ2241　赤344　グレー473。

no.23 >>> photo page 15　バッグの作り方はP.72に掲載

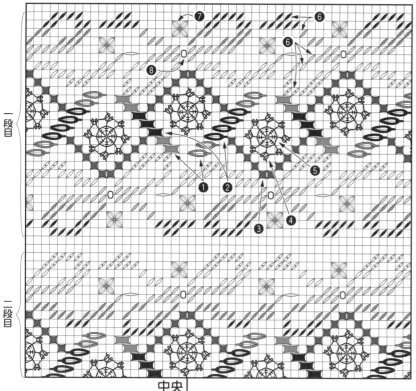

一段目

二段目

中央

no.36　no.37 >>> photo page 22、23

解説はP.64に掲載

材料

no.36
刺しゅう糸…コスモ25番刺繍糸　栗色131　黄145、300・301　茶2307　赤2341・2343・344・345　灰褐色365・366・368　浅葱371～376　グリーン2536、630・631・632・634、820・821・823・825・826　金茶700・702・2702。

no.37
刺しゅう糸…コスモ25番刺繍糸　グレー2151・152・154　青紫2172・175　紫285、761・2762・763・765・766　黄299・301　ブルー411、2663　あずき色431～434　赤紫481～485　グリーン671・672、820　ブルーグレー730・733・734　ブルーグリーン842～845。

糸番号は一段目(二段目)の順に解説しています。
❶レゼーデージー・S、四角いジャーマンナット・S　381(654)(2)
❷レゼーデージー・S、四角いジャーマンナット・S　382(655)(3)
❸ケーブル・S　382(654)(2)
❹ケーブル・S(針足を伸ばす)　653(383)(3)
❺ウィービング・S(❹の糸をすくう)　380(655)(1)
❻ストレート・S　381～385(3651・652・2652・653・654)各(3)
　(一段目は外側を濃く配色し、二段目は外側を淡く配色する)
❼プレーンナット・S　655(385)(2)
❽丸小ビーズ(黒)　くろ(2)で止める

材料　刺しゅう糸…コスモ25番刺繍糸　茶380～385　ワイン3651・652・2652・653～655　くろ。その他…丸小ビーズ(黒)　適宜。

no.24 >>> photo page 15　バッグの作り方はP.72に掲載

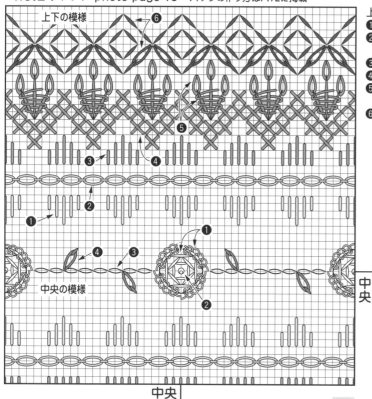

上下の模様

中央の模様

中央

上下の模様
❶ストレート・S　2212(3)
❷ナッツダーニング・S　2212(3)
❸ストレート・S　213(3)
❹クロス・S　213(3)
❺レゼーデージー・S＋ダーニングかがり　213(3)
❻バック・S、レゼーデージー・S　2214(3)

中央の模様
❶ストレート・S(外周りだけボタンホール・Sをかける)　2211(3)
❷フレンチナット・S　2211(3)
❸アウトライン・S　2211(3)
❹レゼーデージー・S　2211(3)

材料　刺しゅう糸…コスモ25番刺繍糸　ブルー2211・2212・213・2214。

no.03　no.04 >>> photo page 03

解説はP.35に掲載

材料

no.03
刺しゅう糸…コスモ25番刺繍糸　黄141～146　グリーン315、325、535、924　灰褐色365～368　茶2424　赤紫481～485　白500　くろ。
コスモマーブルスレッド(解説中にMと表記)　15、44。
その他…0.7cm巾サテンリボン(黒)　180cm。

no.04
刺しゅう糸…コスモ25番刺繍糸　ブルー162～165　えんじ2240・241・2241・242　黄299・302　グリーン323・325、335、534・535、922・923　グレー473～476　灰褐色715。
コスモマーブルスレッド(解説中にMと表記)　19、38。
その他…0.7cm巾サテンリボン(茶)　180cm。

糸番号はno.27(no.28)の順に解説しています。no.27とno.28では、模様bの刺し方が違います。

中央

中央の模様
❶バック・S　981(555,894)(3)
❷ケーブル・S(針足を伸ばす)
　983(553,891)(4)
❸ウィービング・S
　(❷の糸をすくう)
　984(551,890)(4)
❹レゼーデージー・S
　981(555,894)(4)
❺レゼーデージー・S
　982(554,893)(4)
❻ナッツダーニング・S＋
　ジャーマンナット・S
　982(554,893)(4)
❼レゼーデージー・Sに
　ジャーマンナット・Sの応用
　(拡大図参照)、
　オープンレゼーデージー・S
　981(555,894)(4)
❽ケーブル・S
　980(556,895)(4)
❾ケーブル・S
　983(556,895)(4)
❿ストレート・S　984(895)(4)
⓫オープンレゼーデージー・S＋
　オープンレゼーロープ
　984(556)(4)
⓬レゼーデージー・Sに
　ジャーマンナット・Sの応用
　(拡大図参照)、
　オープンレゼーデージー・S
　982(555,894)(4)
⓭ケーブル・S　286(246)(4)
⓮レゼーデージー・S、
　ストレート・S　286(246)(4)
⓯レゼーデージー・S、
　オープンレゼーロープ
　(⓭の糸をすくう)
　674(665)(4)

❼、⓬ 拡大図

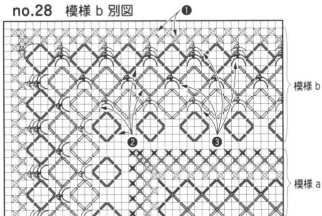

模様 b(no.28は別図参照)　　模様 a　　中央の模様

模様 a
❶クロス・S　外から2151、152、153、154(674、673、672、671)各(3)
❷バック・S　外から662、2662、663、664(174、173、172、171)各(4)
❸クロス・S　外から683、684、685、686(765、764、763、2762)各(3)

模様 b(no.28は別図参照)
❶クロス・S　中から683、684、685、686各(3)
❷バック・S　中から665、664各(4)
❸ジャーマンナット・Sの応用(❷の糸をすくう)
　中から665、664各(4)(拡大図参照)

❶クロス・S
　外から152、154各(3)
❷バック・S
　外から2664、663、2662、2664各(4)
❸オープンレゼーデージー・Sにケーブル・S
　外から2664、663、2662、2664各(4)
　(拡大図参照)

no.28　模様 b 別図

材料

no.27
刺しゅう糸…コスモ25番刺繍糸
グレー2151・152〜154　紫286　ブルー662・2662・663・664・665
グリーン674　オリーブ683〜686
藍ねず980・981・982〜984。

no.28
刺しゅう糸…コスモ25番刺繍糸
グレー152・154　青紫171・172・173・174　えんじ246　紫紺551・553・554・555・556　ブルー2662・663・2664・665　グリーン671〜674　紫2762・763〜765　グレー890・891・893〜895。

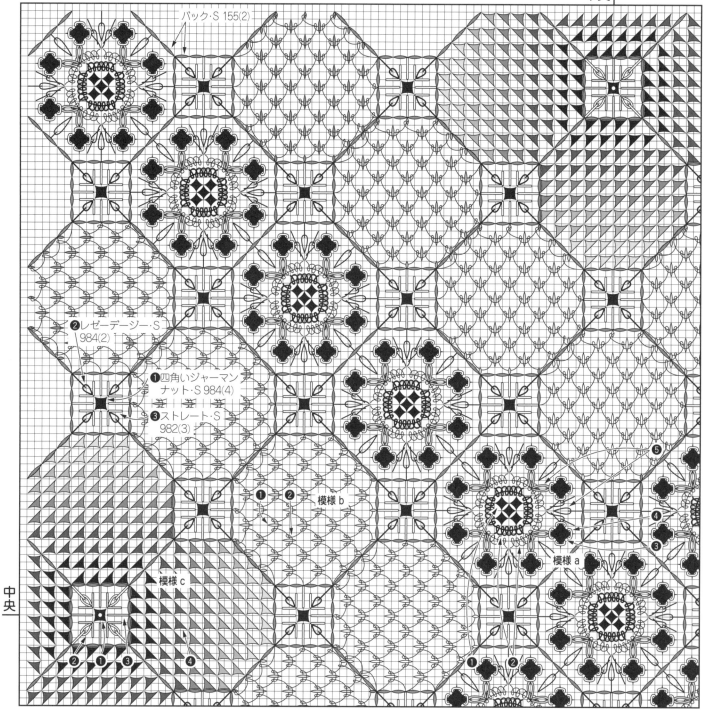

模様 a
❶ケーブル・S　437(4)
❷ストレート・S＋ボタンホール・S
　中から432〜437各(4)、431〜436各(4)
　(中心を濃く配色する)
❸ケーブル・S　431〜436各(4)
　(中心を淡く配色する)
❹ストレート・S(❸の糸をすくう)
　432〜437各(3)(中心を淡く配色する)
❺レゼーデージー・S、チェーンダーニング・S、
　レゼーロープ(❸の糸をすくう)
　2533・534・535・2535・536各(3)
　(中心を濃く配色する)

模様 b
❶ストレート・S　923〜926各(3)
　(中心を淡く配色する)
❷ボタンホール・S　921〜924各(2)
　(❶と前段のボタンホール・Sの
　糸をすくう)(中心を淡く配色する)

模様 c
❹**刺し方**

同じ針穴に
入れて刺す

模様 c
❶四角いジャーマンナット・S　704(4)
❷レゼーデージー・S　704(3)
❸ストレート・S　2702(2)
❹ケーブル・Sの応用　2662・2663・2664・665・667各(4)
　(中心を濃く配色する)(刺し方参照)

|材料|
刺しゅう糸…コスモ25番刺繍糸　グレー155　あず
き色431〜437　グリーン2533・534・535・2535・
536、921〜926　ブルー2662・2663・2664・665・
667　金茶2702・704　藍ねず982・984。

糸番号はno.32(no.33)の順に解説しています。( )のないものは共通です。
模様 A～Dと線模様は配置図を参照して下さい。

線模様

チェーンダーニング・Sの応用D
365(386)(6)

模様 A

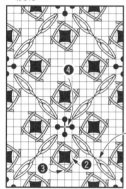

❶ヨコに糸を渡す　633(632)(4)
❷バック・S　633(632)(2)
❸四角いジャーマンナット・S
　702(3)
❹ボタンホール・S
　(所々❸の糸をすくう)　白(3)
❺ストレート・S(外周りの
　ストレート・Sは所々2回刺す)
　173～176、483・484、852
　(212・2212・214、299、701)各(6)

模様 B

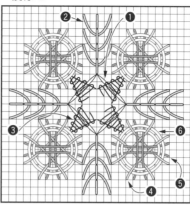

❶バック・S　633(632)(4)
❷リーフ・S　633(632)(4)
❸ストレート・S+ダーニングかがり
　2631(630)(3)
❹ストレート・S
　486、816(175、2214)各(6)
❺ストレート・S
　486、816(175、2214)各(6)
❻糸をくぐらせる
　(❹、❺の糸をすくう)
　484、814(173、2212)各(6)

模様 C

❶レゼーデージー・S　633(2631)(3)
❷四角いジャーマンナット・S
　900(899)(6)
❸ストレート・S(2回刺す)　899・900各(6)
　(刺し方参照)
❹フレンチナットダーニング・S
　702・703各(3)

❸ 刺し方

8　1
3　　6
　　　7
2　5　4

模様 D

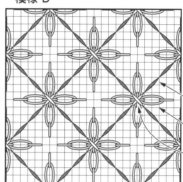

❶バック・S　365(384)(4)
❷ナッツダーニング・S
　369(382)(3)
❸クロス・S(❷に重ねる)
　312(380)(3)

材料

no.32
刺しゅう糸…コスモ25番刺繍糸　青紫
173～176　茶312　灰褐色365・369　赤
紫483・484・486　グリーン2631・633
金茶702・703　ローズ814・816　赤茶
852　ブルーグリーン899・900　白500。

no.33
刺しゅう糸…コスモ25番刺繍糸　青紫
173・175　ブルー212・2212・214・2214
黄299　茶380・382・386　グリーン630・
2631・632　金茶701・702・703　ブルー
グリーン899・900　白500。

no.32　配置図
(図を参照して線模様で区切り、中に模様 A～Dを配置する)

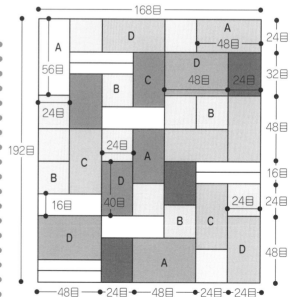

(同じ大きさのマスを濃淡で色分けしました。また、no.33は
図を180度回転させて配置し、模様 A～Dもno.32と同様の
位置に配置します。)

no.36　no.37　>>> photo page 22、23　解説はP.64、材料はP.46に掲載

no.36　配置図
(図を参照して線模様 aで区切り、中に模様 A～Jを配置する)

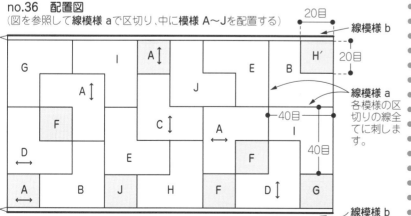

(同じ大きさのマスを濃淡で色分けしました。no.37の線模様 aはno.36の配置図と
no.37の写真を参考にしながら区切り、模様 A～H、K、Lを適当に配置します。)

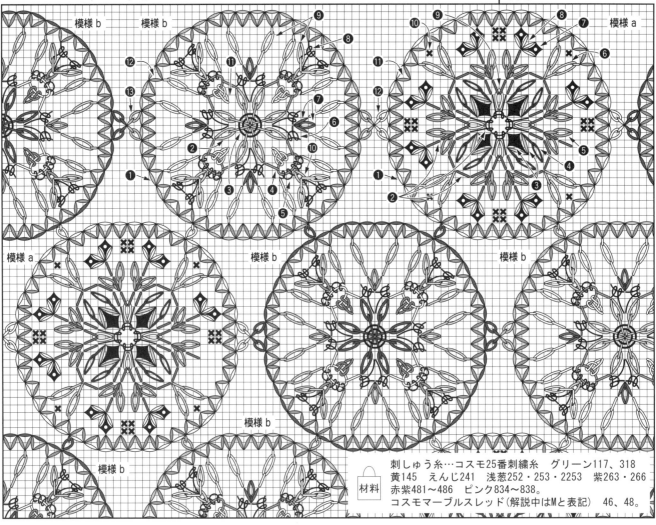

模様b　模様b　模様a
模様a　模様b　模様b
模様b

刺しゅう糸…コスモ25番刺繍糸　グリーン117、318
黄145　えんじ241　浅葱252・253・2253　紫263・266
赤紫481～486　ピンク834～838。
コスモマーブルスレッド（解説中はMと表記）46、48。

模様a
❶バック・S　266(4)
❷バック・S、四角いジャーマンナット・S
　266(4)
❸ケーブル・S、ストレート・S　2253(4)
❹レゼーデージー・S　253(3)
❺レゼーデージー・S　266(2)
❻ナッツダーニング・S　266(3)
❼ケーブル・S　2253(4)
❽ストレート・S　252(3)
❾レゼーロープ（❷の糸をすくう）145(3)
❿クロス・S　263(2)
⓫バック・S　266(2)
⓬レゼーデージー・S　266(3)

模様b
糸番号はピンク系(赤系)の順に解説しています。
❶バック・S　M48(M46)(4)
❷レゼーデージー・S　482(838)(4)
❸糸を交互にくぐらせる　481(241)(3)
❹ナッツダーニング・S　482(838)(4)
❺ボタンホール・S(❹の糸をすくう)483(838)(3)
❻ケーブル・S　484(836)(4)
❼レゼーデージー・S、ストレート・S　485(835)(3)
❽ケーブル・S　486(834)(4)
❾レゼーデージー・S、ナッツダーニング・S　486(834)(3)
❿レゼーロープ(❺の中から針先を出し、❾の糸をすくう)483(837)(3)
⓫ジャーマンナット(❹の糸をすくう)117(318)(3)
⓬バック・S　M48(M46)(2)
⓭レゼーデージー・S　M48(M46)(3)

no.15 >>> photo page 10　バッグの作り方はP.70に掲載

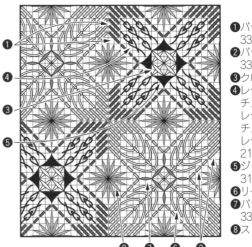

❶バック・S、ストレート・S
　334(6)
❷バック・S、ストレート・S
　336(6)
❸クロス・S　702(6)
❹レゼーデージー・S＋
　チェーンダーニング・S
　レゼーデージー・S、
　チェーンダーニング・S
　2114(6)
❺ジャーマンナット・S
　3115(6)
❻リーフ・S　333(6)
❼バック・S(❻に重ねる)
　338(6)
❽ストレート・S　213(4)

刺しゅう糸…コスモ25番刺繍糸　ピンク2114・3115　ブルー213
グリーン333・334・336・338　金茶702。

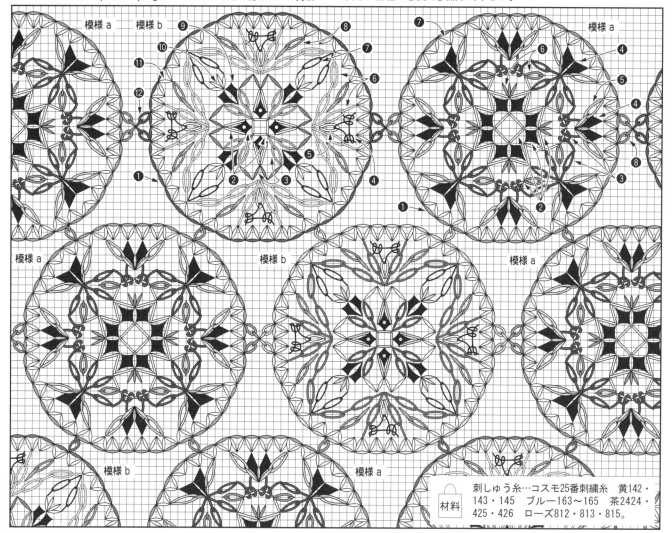

模様a　模様b　模様a

模様a　模様b　模様a

模様b　模様a

材料
刺しゅう糸…コスモ25番刺繍糸　黄142・143・145　ブルー163〜165　茶2424・425・426　ローズ812・813・815。

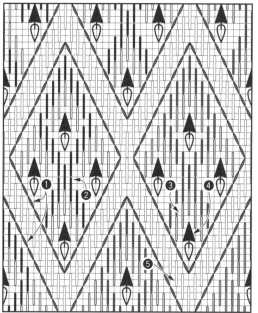

no.16 >>> photo page 10

バッグの作り方はP.70に掲載

❶バック・S　711(4)
❷ストレート・S　186、554、653、664、683、733、892各(4)
❸ストレート・S　187、556、655、665、686、735、894各(4)
❹レゼーデージー・Sにジャーマンナット・S　716(4)
❺ストレート・S　714(4)
（❷、❸は写真参照の上、配色します）

材料
刺しゅう糸…コスモ25番刺繍糸　茶186・187　紫紺554・556　ワイン653・655　ブルー664・665　オリーブ683・686　灰褐色711・714・716　ブルーグレー733・735　ブルーグリーン892・894。

模様a
❶バック・S　426(4)
❷バック・S、ケーブル・S　426(4)
❸四角いジャーマンナット・S
（❷のバック・Sの糸をすくう）、
レゼーデージー・S　425(3)
❹ケーブル・S　2424(4)
❺レゼーデージー・S　426(3)
❻ストレート・S、レゼーデージー・S　145(2)
❼バック・S　426(2)
❽レゼーデージー・S　426(3)

模様b
糸番号はピンク系(青系)の順に解説しています。
❶バック・S　815(165)(4)
❷バック・S、ケーブル・S　815(143)(4)
❸バック・S、レゼーデージー・S　813(142)(3)
❹ケーブル・S　812(164)(4)
❺レゼーロープ(❹の糸をすくう)　812(164)(4)
❻ナッツダーニング・S　815(165)(3)
❼ナッツダーニング・S　813(164)(3)
❽レゼーデージー・S　812(163)(2)
❾ケーブル・S　163(165)(3)
❿ストレート・S　164(165)(2)
⓫バック・S　815(165)(2)
⓬レゼーデージー・S　815(165)(3)

模様b　中央

中央

線模様

模様a

線模様
❶ナッツダーニング・S　131(3)
❷バック・S　704(3)
❸レゼーデージー・Sに
　ジャーマンナット・S　703(3)
❹オープンレゼーデージー・S
　2702(3)

材料

刺しゅう糸…コスモ25番刺繍糸　茶131　黄142〜145、297・300　ブルー
2212・213・214・2214　ピンクローズ501〜505　トルコブルー
564　金茶701・2702・703・704　ブルーグリーン843〜846、898・901。

中心の模様
❶レゼーデージー・S＋ウィーピング・S　300(3)
❷ストレート・S＋ボタンホール・S　297(3)
❸バリオン・S　505(3)
❹ケーブル・S　505(3)
❺チェーン・S　502(3)
❻オープンレゼーデージー・S　501(3)
❼ケーブル・S　502(3)
❽チェーンダーニング・Sの応用D　701(3)

模様a
❶バック・S　564(3)
❷レゼーデージー・S
　898(3)
❸クロス・S　901(3)

模様b
❶バック・S　843〜846各(3)
❷ストレート・S　843〜846各(3)
　(左上の角の模様と右下の角の模様のみ刺す
❸ケーブル・S　142〜145各(3)
❹レゼーデージー・S　501〜504各(3)
❺バック・S　2212・213・214・2214各(3)
❻ストレート・S　523〜526各(3)
❼バック・S、オープンレゼーデージー・S
　142〜145各(3)
(❶〜❼は写真参照の上、グラデーションにな
ように配色します)

模様 c（針先を中心に伸ばす）

模様 a
①タテまたはヨコに糸を渡す
　2652・654各(4)
②ヨコまたはタテに糸を交互にくぐらせる
　3651・652・2652・653〜655各(4)
③ストレート・S　3651・2652各(4)
④レゼーロープ、ダーニングかがり
　(③の糸をすくう)　651・3651各(2)
⑤クロス・S　685・686各(2)
⑥アウトライン・S、レゼーデージー・S
　2652・654各(2)

模様 b
①レゼーデージー・S　682〜684各(2)
②ケーブル・S　761・2762・764・765各(4)
　(中心を濃く配色する)

模様 c
①チェーン・S(針先を中心に伸ばす)　684(2)
②フェザー・S(①の糸をすくう)　682(2)
③クロス・Sの上に四角いジャーマンナット・S　187(6)
④ケーブル・Sの応用　683(4)**(刺し方参照)**
⑤ケーブル・S　185(6)
⑥ケーブル・S　2185(3)
⑦オープンレゼーデージー・S　186(3)
⑧ウィービング・S(①、⑦の糸をすくう)　186(3)

模様 d
①バリオン・S　731・732・734各(2)
　(中心を濃く配色する)
②レゼーロープ(①の糸をすくう)　735(1)
③ストレート・S　683(4)
④2回巻きアウトライン・S　367(2)

模様 e
①バリオン・S　653、733各(2)
②レゼーロープ(①の糸をすくう)
　655、735各(1)
③ストレート・S　683(4)
④2回巻きアウトライン・S　367(2)

同じ針穴に
入れて刺す

材料

刺しゅう糸…コスモ25番刺繍糸　茶185・2185・
186・187　灰褐色365〜367　ワイン651・3651・
652・2652・653〜655　オリーブ682〜686　ブルー
グレー731〜735　紫761・2762・764・765。

※紙面の都合上、図案は85%に縮小しています。118%に拡大して使用して下さい。

📛材料

刺しゅう糸…コスモ25番刺繍糸　グリーン269・271・272　黄298・299　ブルー411・412　赤紫480〜484　白2500・
コスモマーブルスレッド(解説中はMと表記) 13、
16、19、20、23、28、38。
コスモラメ糸(解説中はKと表記) 1、2。
その他…丸小ビーズ(ゴールド)　適宜。

花模様 別図 ♥

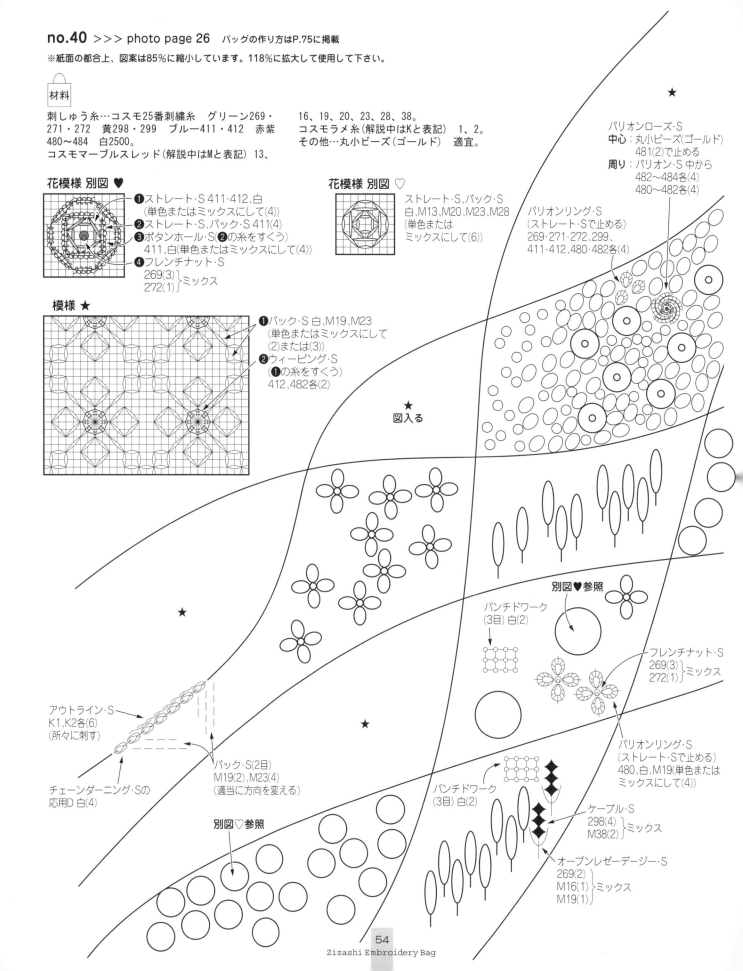

❶ストレート・S 411・412、白
(単色またはミックスにして(4))
❷ストレート・S、バック・S 411(4)
❸ボタンホール・S(❷の糸をすくう)
411、白(単色またはミックスにして(4))
❹フレンチナット・S
269(3)
272(1)}ミックス

花模様 別図 ♡

ストレート・S、バック・S
白、M13、M20、M23、M28
(単色または
ミックスにして(6))

模様 ★

❶バック・S 白、M19、M23
(単色またはミックスにして
(2)または(3))
❷ウィービング・S
(❶の糸をすくう)
412、482各(2)

バリオンローズ・S
中心：丸小ビーズ(ゴールド)
481(2)で止める
周り：バリオン・S 中から
482〜484各(4)
480〜482各(4)

バリオンリング・S
(ストレート・Sで止める)
269・271・272、299、
411・412、480・482各(4)

★
図入る

別図♥参照

パンチドワーク
(3目) 白(2)

フレンチナット・S
269(3)
272(1)}ミックス

アウトライン・S
K1、K2各(6)
(所々に刺す)

チェーンダーニング・Sの
応用D 白(4)

バック・S(2目)
M19(2)、M23(4)
(適当に方向を変える)

別図♡参照

バリオンリング・S
(ストレート・Sで止める)
480、白、M19(単色または
ミックスにして(4))

パンチドワーク
(3目) 白(2)

ケーブル・S
298(4)
M38(2)}ミックス

オープンレゼーデージー・S
269(2)
M16(1)}ミックス
M19(1)

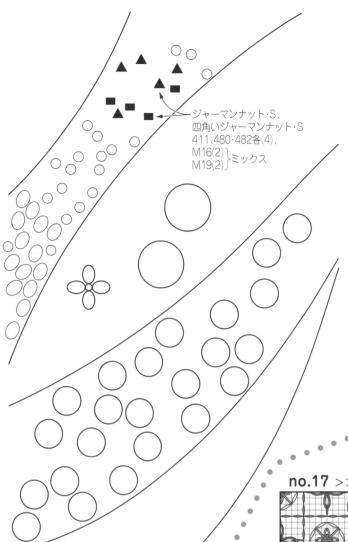

ジャーマンナット・S、
四角いジャーマンナット・S
411、480・482各(4)、
M16(2)
M19(2)
}ミックス

★

no.18 >>> photo page 11

バッグの作り方はP.71に掲載

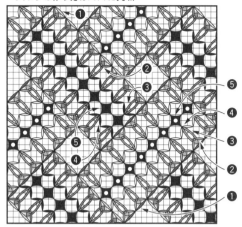

❶バック・S　375、485各(4)
❷バック・S　374、484各(3)
❸レゼーロープ(❷の糸をすくう)　374、484各(3)
❹バック・S　372、482各(3)
❺ケーブル・S　372、482各(2)
(❶〜❺は写真参照の上、配色します)

 材料

刺しゅう糸…コスモ25番刺繍糸　浅葱372・374・375
赤紫482・484・485。

no.17 >>> photo page 11　バッグの作り方はP.71に掲載

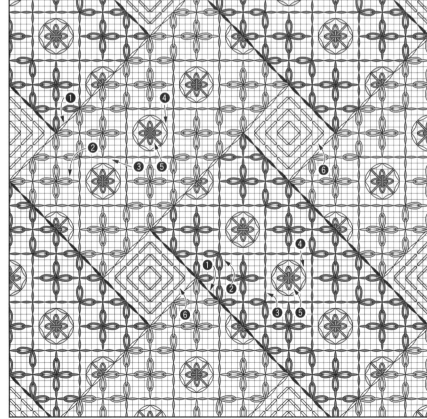

❶バック・S　151、246各(4)
❷レゼーデージー・S　152、242各(3)
❸バック・S　153、242各(3)
❹バック・S　151、246各(3)
❺ダブルクロス・S＋レゼーロープ　154、246各(3)
❻バック・S
　235(2)
　D280(1)
} 715(2)
　D280(1)
}ミックス
(❶〜❻は写真参照の上、配色します)

 材料

刺しゅう糸…コスモ25番刺繍糸グレー151・152〜
154　あずき色235　えんじ242・246　灰褐色715。
マディララメ糸(解説中はDと表記)　280。

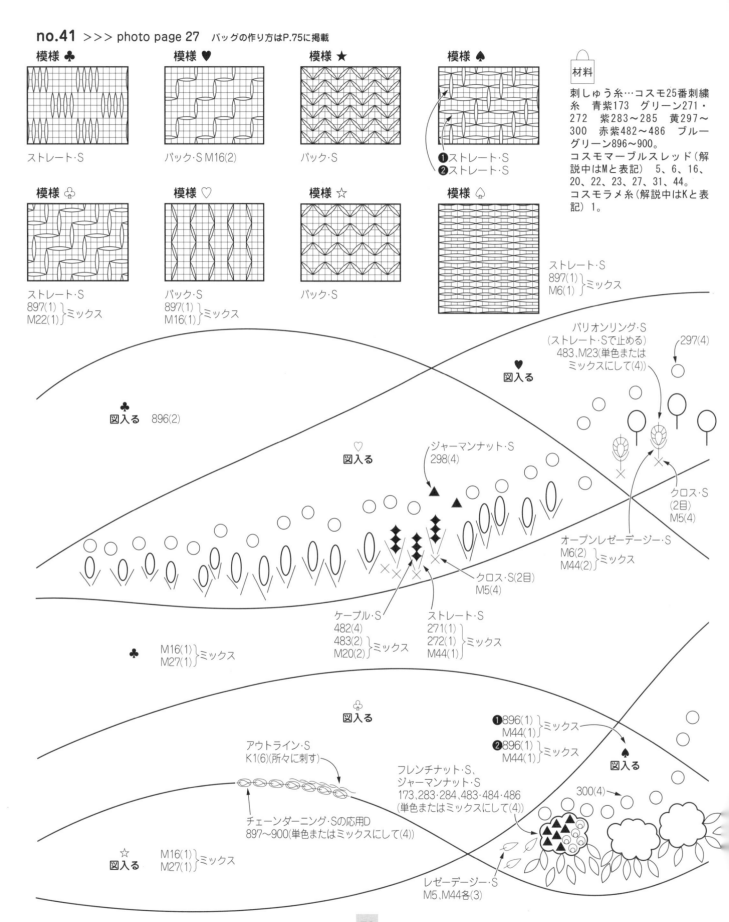

模様 ♣
ストレート・S

模様 ♥
バック・S M16(2)

模様 ★
バック・S

模様 ♠
❶ストレート・S
❷ストレート・S

模様 ♧
ストレート・S
897(1)
M22(1) }ミックス

模様 ♡
バック・S
897(1)
M16(1) }ミックス

模様 ☆
バック・S

模様 ♤
ストレート・S
897(1)
M6(1) }ミックス

材料
刺しゅう糸…コスモ25番刺繍
糸　青紫173　グリーン271・
272　紫283〜285　黄297〜
300　赤紫482〜486　ブルー
グリーン896〜900。
コスモマーブルスレッド(解
説中はMと表記)　5、6、16、
20、22、23、27、31、44。
コスモラメ糸(解説中はKと表
記)　1。

♣
図入る　896(2)

♡
図入る

ジャーマンナット・S
298(4)

♥
図入る

バリオンリング・S
(ストレート・Sで止める)
483,M23(単色または
ミックスにして(4))

297(4)

クロス・S
(2目)
M5(4)

オープンレザーデージー・S
M6(2)
M44(2) }ミックス

クロス・S(2目)
M5(4)

ケーブル・S
482(4)
483(2) }ミックス
M20(2)

ストレート・S
271(1)
272(1) }ミックス
M44(1)

♣
M16(1)
M27(1) }ミックス

♧
図入る

❶896(1)
M44(1) }ミックス
❷896(1)
M44(1) }ミックス

♠
図入る

300(4)

アウトライン・S
K1(6)(所々に刺す)

フレンチナット・S、
ジャーマンナット・S
173,283・284・483・484・486
(単色またはミックスにして(4))

チェーンダーニング・Sの応用D
897〜900(単色またはミックスにして(4))

☆
図入る　M16(1)
M27(1) }ミックス

レゼーデージー・S
M5,M44各(3)

模様 A

❶バック・S
2323・325・326各(2)
❷バック・S
173〜175各(3)
❸レゼーデージー・S
(針先を2本出す)
731〜733各(3)
(❶〜❸は下側を濃く配
色する)

模様 B

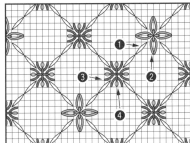

❶バック・S
2323・325・326各(3)
❷レゼーデージー・S
731〜733各(3)
❸オープンレゼー
デージー・S
731〜733各(2)
❹プレーンナット・S
141〜143各(3)
(❶〜❹は下側を濃く配
色する)

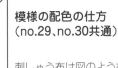

淡

濃

模様の配色の仕方
（no.29、no.30共通）

刺しゅう布は図のような
形に裁ちますが、詳細は
P.73の製図を参照して
下さい。
模様 A、Bを刺しゅう布
各2枚ずつに刺しゅうし
ます。

【材料】刺しゅう糸…コスモ25番刺繍糸　黄141〜143　青紫173〜
175　グリーン2323・325・326　ブルーグレー731〜733。

模様 A

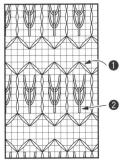

❶バック・S
222・2222・223各(4)
❷リーフ・S
552〜554各(3)
(❶、❷は下側を濃く配色する)

模様 B

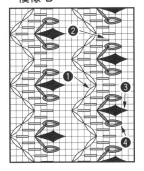

❶バック・S
553〜555各(2)
❷ストレート・S
552〜554各(3)
❸ケーブル・S
222・2222・223各(4)
❹レゼーデージー・S
323・2323・324各(3)
(❶〜❹は下側を濃く配色する)

【材料】

刺しゅう糸…コスモ25番刺繍糸
ローズ222・2222・223　グリーン
323・2323・324　紫紺552〜555。

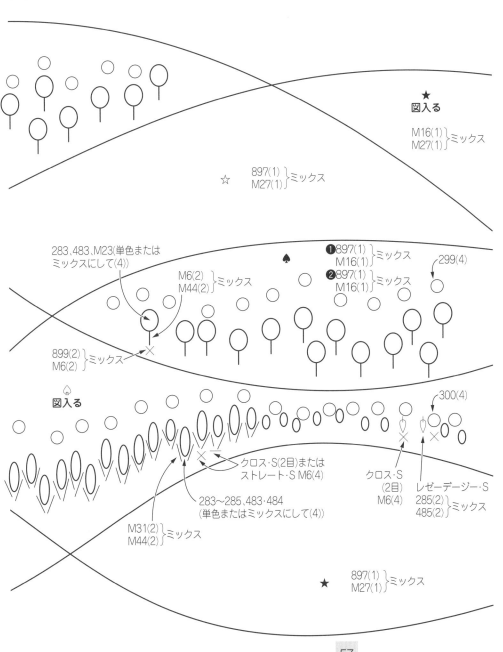

★
図入る

M16(1)
M27(1) }ミックス

☆ 897(1)
M27(1) }ミックス

283、483、M23(単色または
ミックスにして(4))

M6(2)
M44(2) }ミックス

899(2)
M6(2) }ミックス

♠
❶897(1)
M16(1) }ミックス
❷897(1)
M16(1) }ミックス

299(4)

♧
図入る

クロス・S(2目)または
ストレート・S M6(4)

283〜285、483・484
(単色またはミックスにして(4))

M31(2)
M44(2) }ミックス

クロス・S
(2目)
M6(4)

レゼーデージー・S
285(2)
485(2) }ミックス

300(4)

★ 897(1)
M27(1) }ミックス

※紙面の都合上、図案は75%に縮小しています。133%に拡大して使用して下さい。

葉 ♡

❷レゼーデージー・S
311,369,894・895各(2)
❶糸を渡す
368・369,893・894各(6)

葉 ♠

❷レゼーデージー・S
894・895各(2)
❶糸を渡す
893・894各(6)

↑♡
図入る

アウトライン・S
310・311各(3)

チェーン
ダーニング・S
369,893・894
各(3)

↑ 図♡る
図入る

❷丸小ビーズ(シルバー)
368,893各(2)で適当な
位置に止める
❶バック・S(1目) 368・
369、893〜895各(3)

花弁 ★

❶バック・S
765(4)
❷クロス・S
265(3)
❸バック・S
475(2)
❹ナッツダー
ニング・S
475(2)

❺糸をかける
(❹の糸をすくう) 475(2)

花 A

バック・S(1目) 924(3)
(所々輪郭のチェーンダー
ニング・Sの応用Dの上に
重ねる)

バリオン・S
345,654,816
各(3)

オープン
レゼーデージー・S
924(2)

リーフ・S
924(3)

バリオンローズ・S
中から
466・467各(3)
463〜465各(3)

↕ ★
図入る

中から
レゼーデージー・S
923(1)
K2(1) } ミックス
アウトライン・S
923(2)

丸小ビーズ(ゴールド)
924(2)で止める

花弁 ◎

❷クロス・S 266(3)
❶バック・S 765(4)

チェーンダーニング・Sの
応用A MH475(6)

チェーン・S
685(2)

チェーン
ダーニング・Sの
応用A
MH829(6)

❶バック・S(2目)
2762(3)
❷糸をくぐらせる
(❶の糸を適当
にすくって
花型を作る)
MH829(1)

花弁 ♣

❶ストレート・S 764(4)
❷レゼーデージー・S 476(3)
(所々❶、❷の模様を反転させて刺す)

チェーン
ダーニング・Sの
応用D
764・765各(3)

◎
図入る

♣
図入る

↑★

花弁 ☆

❶ストレート・S 763(4)
❷バック・S、ケーブル・Sの応用(刺し方参照)
475(4)
❸クロス・S(十字に刺す) K2(2)
(所々❶〜❸の模様を反転させて刺す)

☆
図入る

同じ針穴に
入れて刺す

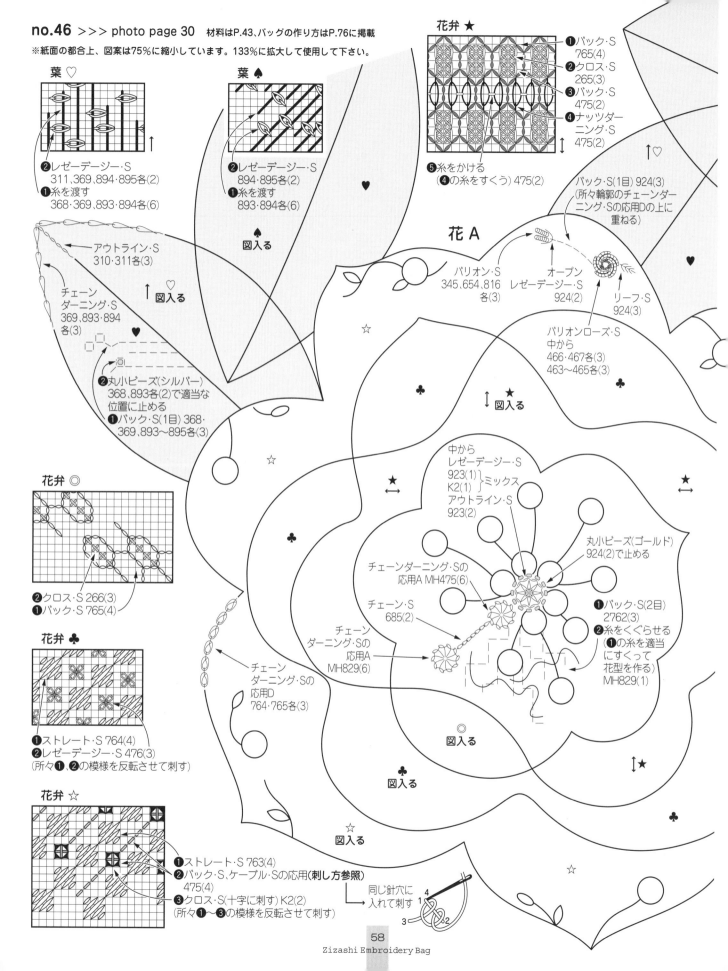

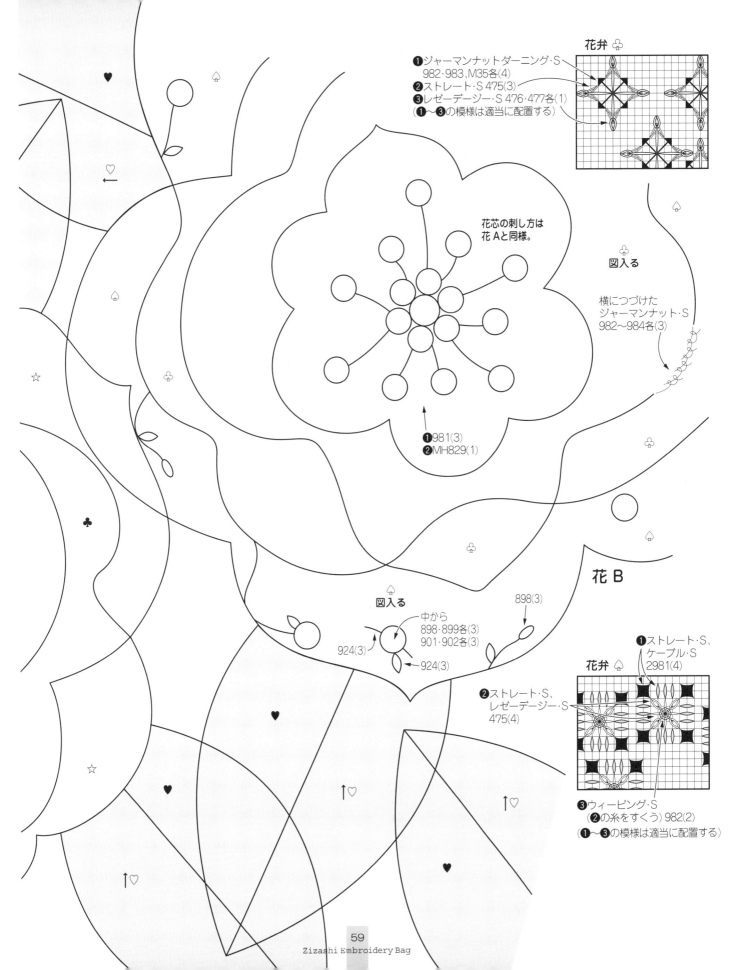

❶ジャーマンナットダーニング·S
982·983,M35各(4)
❷ストレート·S 475(3)
❸レゼーデージー·S 476·477各(1)
(❶〜❸の模様は適当に配置する)

花弁 ♣

花芯の刺し方は
花Aと同様。

♣
図入る

横につづけた
ジャーマンナット·S
982〜984各(3)

❶981(3)
❷MH829(1)

花 B

図入る
中から
898·899各(3)
901·902各(3)
924(3)
924(3)
898(3)

花弁 ♤

❶ストレート·S、
ケーブル·S
2981(4)

❷ストレート·S、
レゼーデージー·S
475(4)

❸ウィービング·S
(❷の糸をすくう)982(2)
(❶〜❸の模様は適当に配置する)

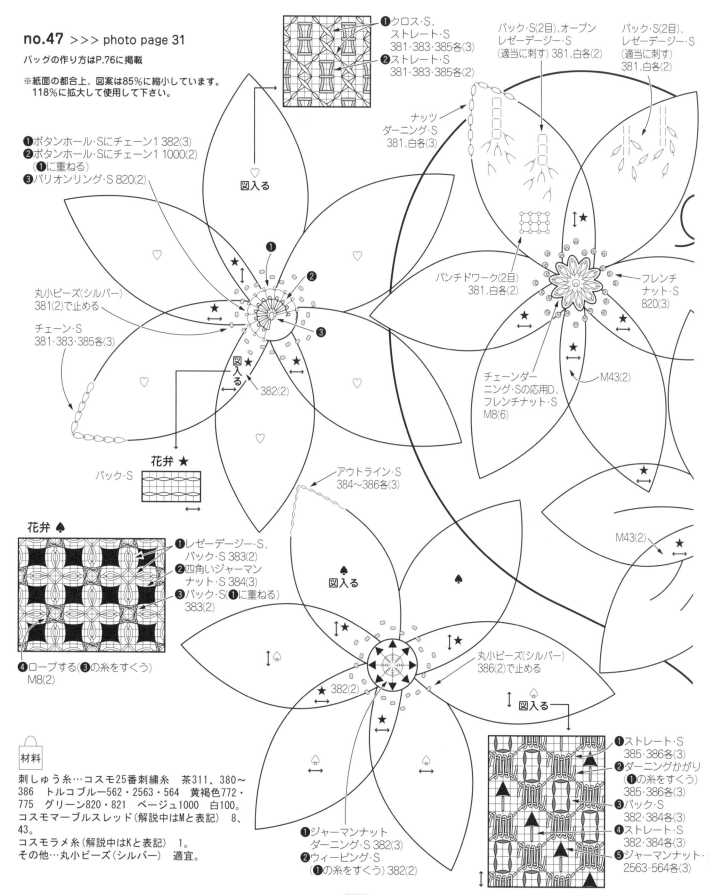

no.47 >>> photo page 31

バッグの作り方はP.76に掲載

※紙面の都合上、図案は85%に縮小しています。
　118%に拡大して使用して下さい。

❶ボタンホール・Sにチェーン1 382(3)
❷ボタンホール・Sにチェーン1 1000(2)
　(❶に重ねる)
❸バリオンリング・S 820(2)

❶クロス・S、
ストレート・S
381・383・385各(3)
❷ストレート・S
381・383・385各(2)

バック・S(2目)、オープン
レゼーデージー・S
(適当に刺す) 381、白各(2)

バック・S(2目)、
レゼーデージー・S
(適当に刺す)
381、白各(2)

ナッツ
ダーニング・S
381、白各(3)

図入る

丸小ビーズ(シルバー)
381(2)で止める

チェーン・S
381・383・385各(3)

パンチドワーク(2目)
381、白各(2)

フレンチ
ナット・S
820(3)

チェーンダー
ニング・Sの応用D、
フレンチナット・S
M8(6)

M43(2)

図入る

382(2)

花弁 ★

バック・S

アウトライン・S
384〜386各(3)

花弁 ♠

❶レゼーデージー・S、
バック・S 383(2)
❷四角いジャーマン
ナット・S 384(3)
❸バック・S(❶に重ねる)
383(2)

図入る

M43(2)

❹ロープする(❸の糸をすくう)
M8(2)

382(2)

丸小ビーズ(シルバー)
386(2)で止める

図入る

材料

刺しゅう糸…コスモ25番刺繍糸　茶311、380〜
386　トルコブルー562・2563・564　黄褐色772・
775　グリーン820・821　ベージュ1000　白100。
コスモマーブルスレッド(解説中はMと表記)　8、
43。
コスモラメ糸(解説中はKと表記)　1。
その他…丸小ビーズ(シルバー)　適宜。

❶ジャーマンナット
ダーニング・S 382(3)
❷ウィービング・S
(❶の糸をすくう) 382(2)

❶ストレート・S
385・386各(3)
❷ダーニングかがり
(❶の糸をすくう)
385・386各(3)
❸バック・S
382・384各(3)
❹ストレート・S
382・384各(3)
❺ジャーマンナット
2563・564各(3)

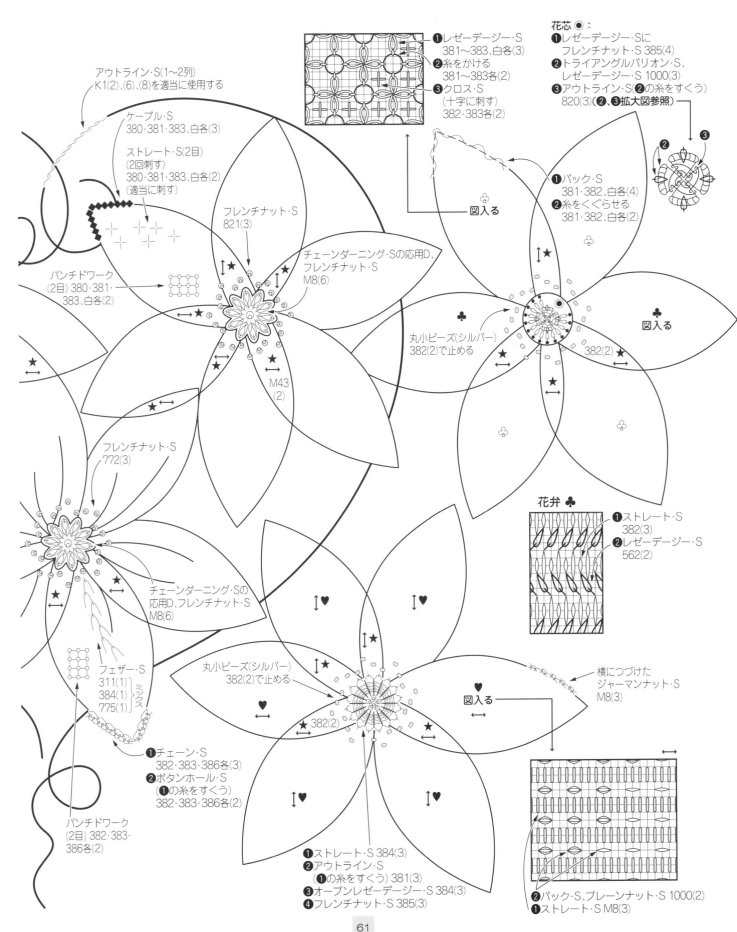

アウトライン・S(1〜2列)
K1(2)、(6)、(8)を適当に使用する

ケーブル・S
380・381・383、白各(3)

ストレート・S(2目)
(2回刺す)
380・381・383、白各(2)
(適当に刺す)

フレンチナット・S
821(3)

チェーンダーニング・Sの応用D、
フレンチナット・S
M8(6)

パンチドワーク
(2目)380・381・
383、白各(2)

フレンチナット・S
772(3)

チェーンダーニング・Sの
応用D、フレンチナット・S
M8(6)

フェザー・S
311(1)
384(1)
775(1)
ミックス

パンチドワーク
(2目)382・383・
386各(2)

❶チェーン・S
382・383・386各(3)
❷ボタンホール・S
(❶の糸をすくう)
382・383・386各(2)

M43
(2)

M8
(6)

丸小ビーズ(シルバー)
382(2)で止める

382(2)

❶レゼーデージー・S
381〜383、白各(3)
❷糸をかける
381〜383各(2)
❸クロス・S
(十字に刺す)
382・383各(2)

花芯 ◉：
❶レゼーデージー・Sに
フレンチナット・S 385(4)
❷トライアングルバリオン・S、
レゼーデージー・S 1000(3)
❸アウトライン・S(❷の糸をすくう)
820(3)(❷、❸拡大図参照)

図入る

❶バック・S
381・382、白各(4)
❷糸をくぐらせる
381・382、白各(2)

❷
❸
❷

❸

図入る

丸小ビーズ(シルバー)
382(2)で止める

382(2)

花弁 ♣
❶ストレート・S
382(3)
❷レゼーデージー・S
562(2)

横につづけた
ジャーマンナット・S
M8(3)

図入る

丸小ビーズ(シルバー)
382(2)で止める

382(2)

❶ストレート・S 384(3)
❷アウトライン・S
(❶の糸をすくう) 381(3)
❸オープンレゼーデージー・S 384(3)
❹フレンチナット・S 385(3)

❷バック・S、プレーンナット・S 1000(2)
❶ストレート・S M8(3)

※紙面の都合上、図案は75%に縮小しています。
　133%に拡大して使用して下さい。

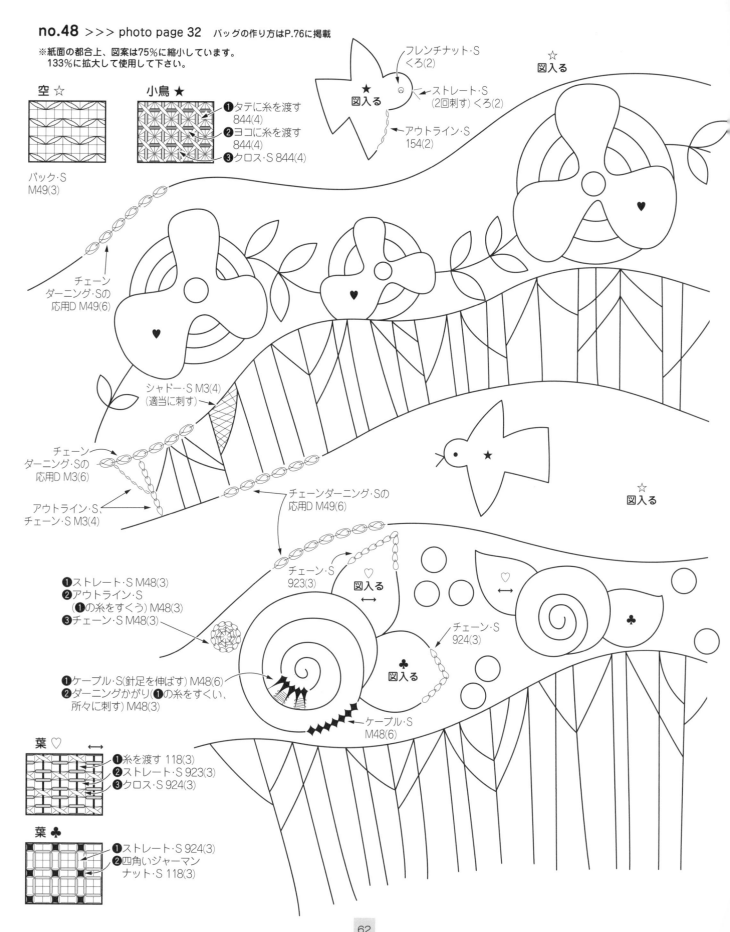

空 ☆

バック·S
M49(3)

小鳥 ★

❶タテに糸を渡す
　844(4)
❷ヨコに糸を渡す
　844(4)
❸クロス·S 844(4)

フレンチナット·S
くろ(2)

★
図入る

☆
図入る

ストレート·S
(2回刺す)くろ(2)

アウトライン·S
154(2)

チェーン
ダーニング·Sの
応用D M49(6)

シャドー·S M3(4)
(適当に刺す)

チェーン
ダーニング·Sの
応用D M3(6)

アウトライン·S、
チェーン·S M3(4)

チェーンダーニング·Sの
応用D M49(6)

チェーン·S
923(3)

♡
図入る

☆
図入る

❶ストレート·S M48(3)
❷アウトライン·S
　(❶の糸をすくう)M48(3)
❸チェーン·S M48(3)

チェーン·S
924(3)

♣
図入る

❶ケーブル·S(針足を伸ばす)M48(6)
❷ダーニングかがり(❶の糸をすくい、
　所々に刺す)M48(3)

ケーブル·S
M48(6)

葉 ♡

❶糸を渡す 118(3)
❷ストレート·S 923(3)
❸クロス·S 924(3)

葉 ♣

❶ストレート·S 924(3)
❷四角いジャーマン
　ナット·S 118(3)

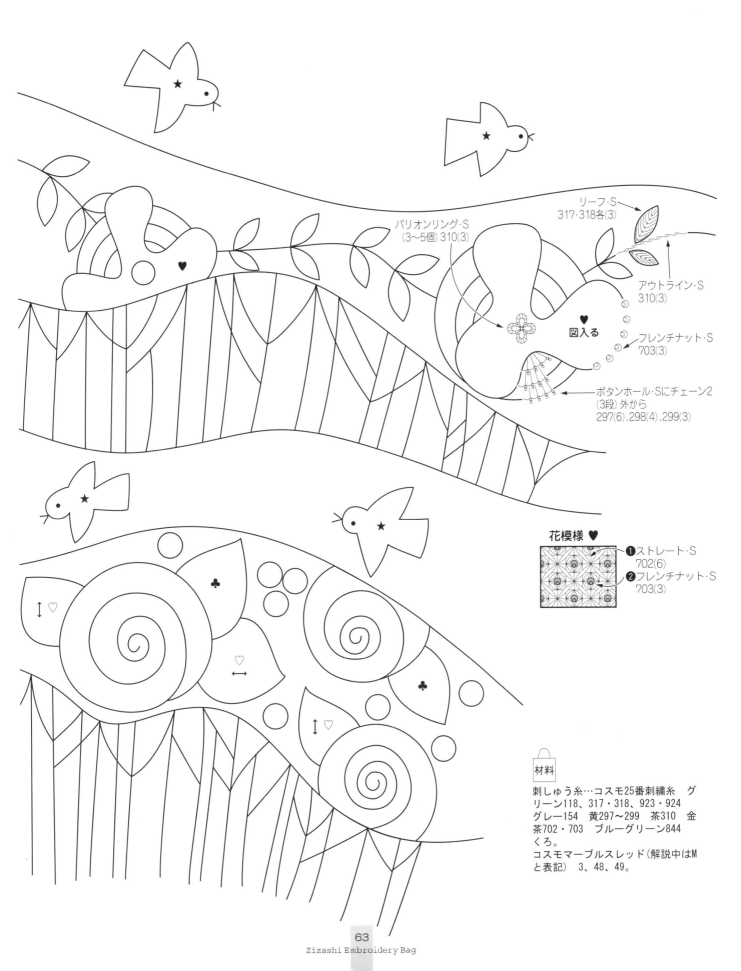

バリオンリング・S
(3～5個) 310(3)

リーフ・S
317・318各(3)

アウトライン・S
310(3)

フレンチナット・S
703(3)

図入る

ボタンホール・Sにチェーン2
(3段) 外から
297(6)、298(4)、299(3)

花模様 ♥

❶ストレート・S
702(6)
❷フレンチナット・S
703(3)

材料

刺しゅう糸…コスモ25番刺繍糸　グ
リーン118、317・318、923・924
グレー154　黄297～299　茶310　金
茶702・703　ブルーグリーン844
くろ。
コスモマーブルスレッド(解説中はM
と表記)　3、48、49。

模様 A〜模様 H、線模様 aはno.36、no.37に共通です。
糸番号はno.36(no.37)の順に解説しています。模様は配置図参照の上、配置します。

模様 A

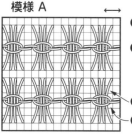

❶ストレート・S
365(411)(6)
❷ナッツダー
ニング・S
(❶を束ねる)
365(411)(6)

模様 B

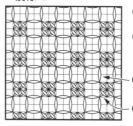

❶バック・S
376(845)(4)
❷クロス・S
376(845)(4)

模様 C

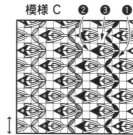

❶バック・S
371・372・374・376(842〜845)
各(3)または(4)
❷レゼーデージー・Sに
ジャーマンナット・S
371・372・374・376(842〜845)
各(3)または(4)
❸オープンレゼーデージー・S
366(734)(2)または(3)
(❶、❷は写真参照の上、配色する)

模様 D

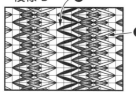

❶バック・S 左から
825(765)(4)、823(763)(3)、
821(2762)(3)、820(761)(2)
❷バック・S 826(766)(2)(所々に刺す)

模様 E

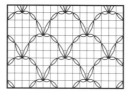

バック・S
131(672)(3)

模様 F

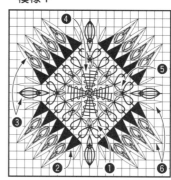

❶バック・S 345(672)(4)
❷レゼーデージー・Sにジャー
マンナット・S 345(672)(4)
❸レゼーデージー・S、レゼー
デージー・Sにポップコーン
2343(671)(4)
❹ストレート・S+ダーニング
かがり 131(301)(5)
❺レゼーロープ(❷の糸をすくう)
131(301)(2)
❻バック・S 2341(299)(3)

模様 G

❶ナッツダーニング・S
373(843)(3)
❷ケーブル・S、ストレート・S
371(842)(4)
❸トライアングルバリオン・S
820(481)(4)
❹ストレート・S
823(482)(2)
❺バック・S、ストレート・S
376(845)(3)

模様 H

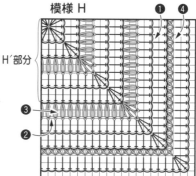

H´部分

❶ライティング・S
630・631・634
(482・483・485)各(4)
❷バック・S 700(2151)(3)
❸レゼーロープ(❷の糸をすくう)
702・2702(152・154)各(4)
❹クロス・S 632(484)(3)

模様 J
❶刺し方

```
    12 9
3      
11        10
7          
       8 5
1        4
```

模様 I(no.36のみ刺す)

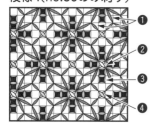

❶バック・S 2536(3)
❷クロス・S 2341(4)
❸四角いジャーマンナット・S
344(4)
❹クロス・S 375(3)

模様 J(no.36のみ刺す)

❶ストレート・Sの応用
145(5)(刺し方参照)
❷ストレート・S
(❶に重ねる) 301(3)
❸クロス・S 300(3)
❹ダブルクロス・S 2307(3)

模様 K(no.37のみ刺す)

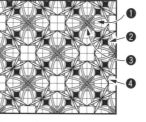

❶オープンレゼーデージー・S
2663(4)
❷ケーブル・S 175(4)
❸クロス・S(❶に重ねる) 285(3)
❹ストレート・S 2172(2)

模様 L(no.37のみ刺す)

❶レゼーデージー・S 433(4)
❷ケーブル・S 432(3)
❸ストレート・S 434(3)
❹バック・S(❶に重ねる)、
ストレート・S 431(3)
❺オープンレゼーデージー・S 820(2)

線模様 a

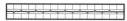

ダブルアウトライン・S
368(733)(4)

no.36 線模様 b

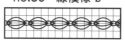

レゼーデージー・Sに
ポップコーン 365(6)

no.37 線模様 b

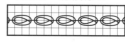

チェーンダーニング・Sの
応用D 730(6)

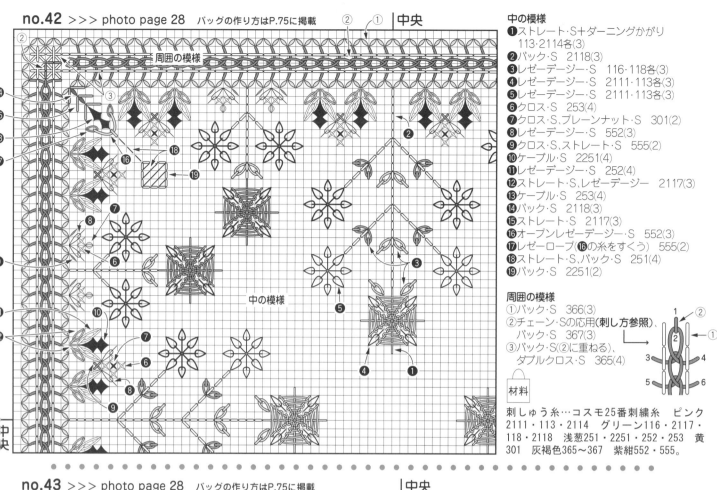

中央

中の模様
❶ストレート・S＋ダーニングかがり
　113・2114各(3)
❷バック・S 2118(3)
❸レゼーデージー・S 116・118各(3)
❹レゼーデージー・S 2111・113各(3)
❺レゼーデージー・S 2111・113各(3)
❻クロス・S 253(4)
❼クロス・S、プレーンナット・S 301(2)
❽レゼーデージー・S 552(3)
❾クロス・S、ストレート・S 555(2)
❿ケーブル・S 2251(4)
⓫レゼーデージー・S 252(4)
⓬ストレート・S、レゼーデージー 2117(3)
⓭ケーブル・S 253(4)
⓮バック・S 2118(3)
⓯ストレート・S 2117(3)
⓰オープンレゼーデージー・S 552(3)
⓱レゼーロープ(⓰の糸をすくう) 555(2)
⓲ストレート・S、バック・S 251(4)
⓳バック・S 2251(2)

周囲の模様
①バック・S 366(3)
②チェーン・Sの応用(刺し方参照)、
　バック・S 367(3)
③バック・S(②に重ねる)、
　ダブルクロス・S 365(4)

材料

刺しゅう糸…コスモ25番刺繍糸　ピンク
2111・113・2114　グリーン116・2117・
118・2118　浅葱251・2251・252・253　黄
301　灰褐色365〜367　紫紺552・555。

中央

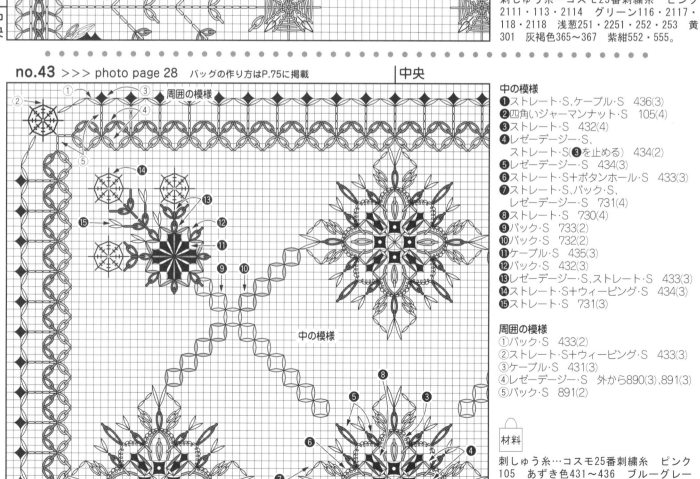

中の模様
❶ストレート・S、ケーブル・S 436(3)
❷四角いジャーマンナット・S 105(4)
❸ストレート・S 432(4)
❹レゼーデージー・S、
　ストレート・S(❸を止める) 434(2)
❺レゼーデージー・S 434(3)
❻ストレート・S＋ボタンホール・S 433(3)
❼ストレート・S、バック・S、
　レゼーデージー・S 731(4)
❽ストレート・S 730(4)
❾バック・S 733(2)
❿バック・S 732(2)
⓫ケーブル・S 435(3)
⓬バック・S 432(3)
⓭レゼーデージー・S、ストレート・S 433(3)
⓮ストレート・S＋ウィーピング・S 434(3)
⓯ストレート・S 731(3)

周囲の模様
①バック・S 433(2)
②ストレート・S＋ウィーピング・S 433(3)
③ケーブル・S 431(3)
④レゼーデージー・S 外から890(3)、891(3)
⑤バック・S 891(2)

材料

刺しゅう糸…コスモ25番刺繍糸　ピンク
105　あずき色431〜436　ブルーグレー
730〜733　グレー890・891。

中央

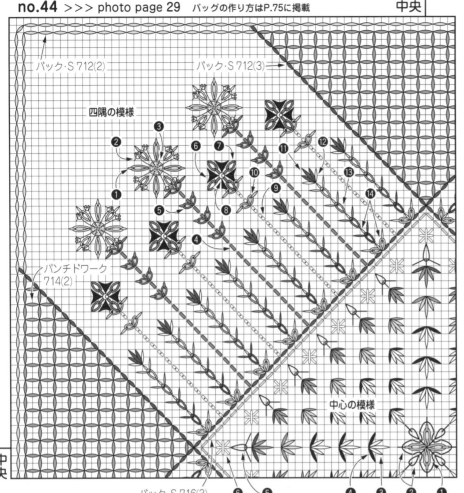

パック・S 712(2)

四隅の模様

パック・S 712(3)

パンチドワーク
714(2)

中央

中心の模様

パック・S 716(3)　⑥　⑤　　④　③　②　①

中心の模様
① レゼーデージー・S　113(3)
② オープンレゼーデージー・S、レゼーデージー・S
　2111(3)
③ ストレート・S　中から141、111、2111各(3)
④ ストレート・S　中から142、2111、113各(3)
⑤ レゼーデージー・S(針先を3本出す)　117(3)
⑥ ダブルクロス・S　712(3)

四隅の模様
① レゼーデージー・S　2223・2224各(3)
② ケーブル・S(針足を伸ばす)　2222・2223各(3)
③ ウィービング・S(②の糸をすくう)
　2221・2222各(2)
④ パック・S　536(4)
⑤ レゼーデージー・S　536(3)
⑥ ジャーマンナット・S　555(4)
⑦ レゼーデージー・S　553(4)
⑧ フレンチナット・S　671(3)
⑨ パック・S　535(4)
⑩ レゼーデージー・S　535(3)
⑪ ストレート・S　522(3)
⑫ ストレート・S　524(3)
⑬ レゼーデージー・S(針先を2本出す)
　533・534・535・536各(3)(上を淡く配色する)
⑭ ストレート・S、レゼーデージー・S　714(3)

材料

刺しゅう糸…コスモ25番刺繍糸ピンク111・
2111・113　グリーン117、533・534・535・
536、671　黄141・142　ローズ2221・2222・
2223・2224　ブルー522・524　紫紺553・555
灰褐色712・714・716。

材料

刺しゅう糸…コスモ25番刺繍糸　グリー
ン2117・2118、318、674　黄299・301
ピンク351～353　ブルー523・525・526
紫762・2762　赤800　ブルーグリーン
843・845　赤茶855・858　白2500。

模様は一段目のみ解説しています。二～三段目の模様の配置は写真を参照して下さい。

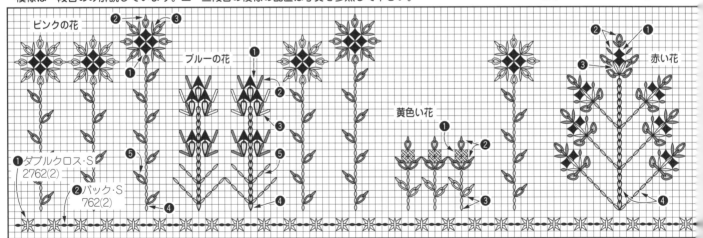

ピンクの花

② ③

ブルーの花

① ②

③

黄色い花

① ②

③

赤い花

② ①

③

④

① ダブルクロス・S
2762(2)

② パック・S
762(2)

ピンクの花
① ケーブル・S　351・352各(3)
② レゼーデージー・S　351・353各(3)
③ ストレート・S　白(3)
④ パック・S　845(3)
⑤ レゼーデージー・S　843(3)

ブルーの花
① レゼーデージー・Sに
　ジャーマンナット・S　525(3)
② ストレート・S　526(3)
③ ストレート・S　523(3)
④ チェーン・S　2118(2)
⑤ パック・S　2117(3)

黄色い花
① クロス・S　299(3)
② レゼーデージー・S　301(2)
③ パック・S、レゼーデージー・S
　318(3)

赤い花
① ケーブル・S　855(3)
② レゼーデージー・S、
　ストレート・S　800(2)
③ ストレート・S　858(3)
④ チェーン・S、バック・S　674(2)

🛍 バッグの作り方と材料 🛍

⚠ 縫い代の始末、しつけがけ、アイロンなどは、素材に合わせて適宜行って下さい。

no.01 no.02 >>> photo page 02

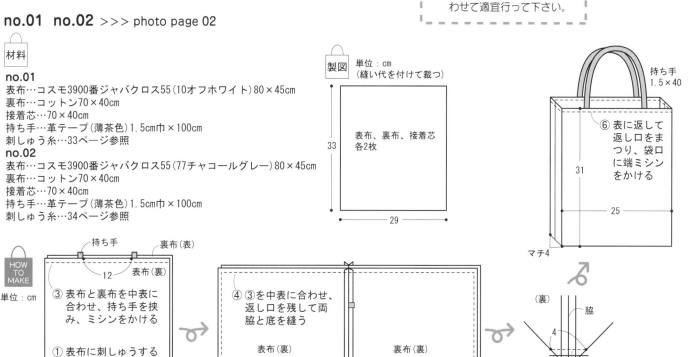

材料

no.01
表布…コスモ3900番ジャバクロス55（10オフホワイト）80×45cm
裏布…コットン70×40cm
接着芯…70×40cm
持ち手…革テープ（薄茶色）1.5cm巾×100cm
刺しゅう糸…33ページ参照

no.02
表布…コスモ3900番ジャバクロス55（77チャコールグレー）80×45cm
裏布…コットン70×40cm
接着芯…70×40cm
持ち手…革テープ（薄茶色）1.5cm巾×100cm
刺しゅう糸…34ページ参照

製図　単位：cm
（縫い代を付けて裁つ）

表布、裏布、接着芯
各2枚

33
29

⑥ 表に返して返し口をまつり、袋口に端ミシンをかける

持ち手
1.5×40

31
25
マチ4

HOW TO MAKE
単位：cm

持ち手
裏布（表）
表布（裏）
12

③ 表布と裏布を中表に合わせ、持ち手を挟み、ミシンをかける

① 表布に刺しゅうする

② ①の裏に接着芯を貼る

④ ③を中表に合わせ、返し口を残して両脇と底を縫う

表布（裏）
裏布（裏）
返し口

（裏）
脇
4
カット

⑤ 表布、裏布とも各々マチを縫い、余分な布をカットする

no.03 no.04 >>> photo page 03

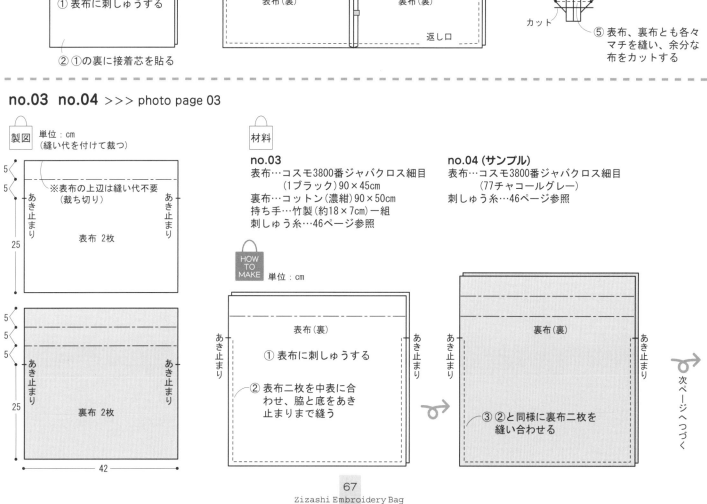

製図　単位：cm
（縫い代を付けて裁つ）

5
5
あき止まり
※表布の上辺は縫い代不要
（裁ち切り）
あき止まり
25
表布 2枚

5
5
5
あき止まり
あき止まり
25
裏布 2枚
42

材料

no.03
表布…コスモ3800番ジャバクロス細目
（1ブラック）90×45cm
裏布…コットン（濃紺）90×50cm
持ち手…竹製（約18×7cm）一組
刺しゅう糸…46ページ参照

no.04（サンプル）
表布…コスモ3800番ジャバクロス細目
（77チャコールグレー）
刺しゅう糸…46ページ参照

HOW TO MAKE
単位：cm

表布（裏）

① 表布に刺しゅうする

② 表布二枚を中表に合わせ、脇と底をあき止まりまで縫う

あき止まり
あき止まり

裏布（裏）

③ ②と同様に裏布二枚を縫い合わせる

あき止まり
あき止まり

次ページへつづく

no.03 no.04 >>> photo page 03

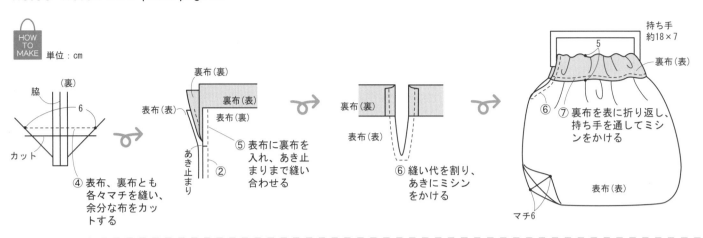

④表布、裏布とも各々マチを縫い、余分な布をカットする

⑤表布に裏布を入れ、あき止まりまで縫い合わせる

⑥縫い代を割り、あきにミシンをかける

⑦裏布を表に折り返し、持ち手を通してミシンをかける

持ち手 約18×7

no.05 >>> photo page 04

材料

表布…コスモ9000番コングレス地(4ダークブルー)60×80cm
裏布…コットン(ブルーギンガムチェック)40×90cm
接着芯…60×80cm
コード…アクリル組紐(白)3mm巾×140cm
刺しゅう糸…36ページ参照

単位:cm

1. 外袋を作る

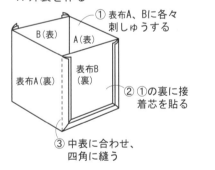

① 表布A、Bに各々刺しゅうする

② ①の裏に接着芯を貼る

③ 中表に合わせ、四角に縫う

2. 内袋を作る

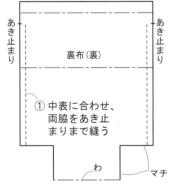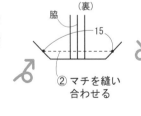

① 中表に合わせ、両脇をあき止まりまで縫う

② マチを縫い合わせる

③ 口を三つ折りにしてミシンをかけ、紐通しを作る

3. 持ち手を作る

縫い代を折り込み、両端にミシンをかける

製図 単位:cm (縫い代を付けて裁つ)

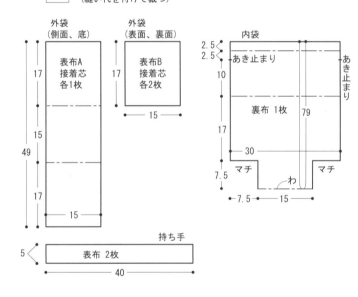

外袋(側面、底) 表布A 接着芯 各1枚

外袋(表面、裏面) 表布B 接着芯 各2枚

内袋 裏布 1枚

持ち手 表布 2枚

4. 外袋と内袋を縫い合わせる

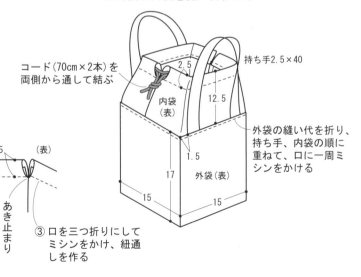

コード(70cm×2本)を両側から通して結ぶ

持ち手2.5×40

外袋の縫い代を折り、持ち手、内袋の順に重ねて、口に一周ミシンをかける

no.06 >>> photo page 04

材料

表布…コスモ9000番コングレス地(21ベージュ)80×50cm
裏布…コットン(ベージュギンガムチェック)70×40cm
接着芯…80×50cm
コード…アクリル組紐(白)3mm巾×120cm,
刺しゅう糸…37ページ参照

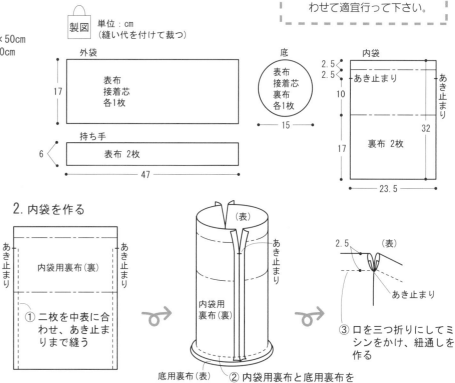

製図 単位：cm
(縫い代を付けて裁つ)

外袋
表布
接着芯
各1枚
17 × 47

底
表布
接着芯
裏布
各1枚
15

持ち手
表布 2枚
6 × 47

内袋
2.5
2.5
あき止まり
10
17
裏布 2枚
32
あき止まり
23.5

> 縫い代の始末、しつけがけ、アイロンなどは、素材に合わせて適宜行って下さい。

HOW TO MAKE 単位：cm

1. 外袋を作る

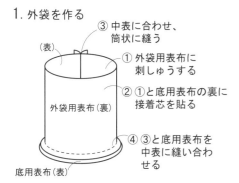

(表)
外袋用表布(裏)
底用表布(表)

③ 中表に合わせ、筒状に縫う
① 外袋用表布に刺しゅうする
② ①と底用表布の裏に接着芯を貼る
④ ③と底用表布を中表に縫い合わせる

2. 内袋を作る

あき止まり
内袋用裏布(裏)
あき止まり

① 二枚を中表に合わせ、あき止まりまで縫う

内袋用裏布(裏)
底用裏布(表)

② 内袋用裏布と底用裏布を中表に縫い合わせる

2.5 (表)
あき止まり

③ 口を三つ折りにしてミシンをかけ、紐通しを作る

3. 持ち手を作る

3
表布(表)

縫い代を折り込み、両端にミシンをかける

4. 外袋と内袋を縫い合わせる

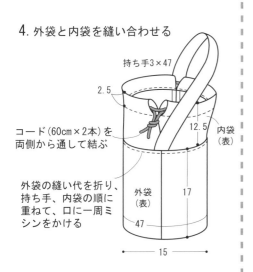

持ち手3×47
2.5
内袋(表)
12.5
外袋(表)
17
47
15

コード(60cm×2本)を両側から通して結ぶ

外袋の縫い代を折り、持ち手、内袋の順に重ねて、口に一周ミシンをかける

---

no.07 no.08 >>> photo page 05

製図 単位：cm
(縫い代を付けて裁つ)

5
5
あき止まり
25
※表布の上辺は縫い代不要(裁ち切り)
表布 2枚
あき止まり

5
5
5
あき止まり
25
裏布 2枚
あき止まり
50

材料

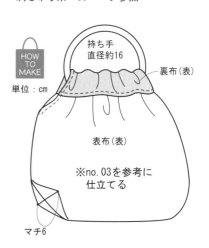

no.07
表布…コスモ3800番ジャバクロス細目(2ダークブラウン)60×90cm
裏布…コットン(オレンジ)60×90cm
持ち手…竹製(直径約16cmの円形)一組
刺しゅう糸…39ページ参照

no.08(サンプル)
表布…コスモ3800番ジャバクロス細目(10オフホワイト)
刺しゅう糸…39ページ参照

HOW TO MAKE 単位：cm

持ち手
直径約16
裏布(表)
表布(表)

※no.03を参考に仕立てる

マチ6

no.09 >>> photo page 06
no.10 >>> photo page 07

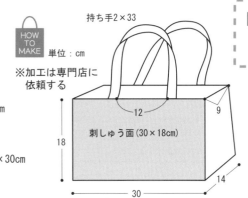

持ち手2×33

HOW TO MAKE 単位：cm

※加工は専門店に
依頼する

刺しゅう面（30×18cm）

18

12

9

30

14

⚠ 縫い代の始末、しつけがけ、
アイロンなどは、素材に合
わせて適宜行って下さい。

no.09
裏面、側面、底、持ち手：
レザー（ブラック）

no.10
裏面、側面、底、持ち手：
レザー（グレー）

 材料

no.09
刺しゅう布…コスモ9000番コングレス地（1ブラック）40×30cm
刺しゅう糸…40ページ参照

no.10
刺しゅう布…コスモ9000番コングレス地（5ダークグレー）40×30cm
刺しゅう糸…41ページ参照

---

no.11 no.12 >>> photo page 08

材料

no.11
表布…コスモ9000番コングレス地（35アイボリー）80×45cm
裏布…コットン70×40cm
接着芯…70×40cm
持ち手…革テープ（こげ茶）1.5cm巾×100cm
刺しゅう糸…42ページ参照

no.12
表布…コスモ9000番コングレス地（35アイボリー）80×45cm
裏布…コットン70×40cm
接着芯…70×40cm
持ち手…革テープ（グリーン）1.5cm巾×100cm
刺しゅう糸…42ページ参照

製図 単位：cm
（縫い代を付けて裁つ）

34

表布、裏布、接着芯
各2枚

31

HOW TO MAKE 単位：cm

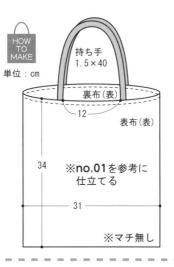

持ち手
1.5×40

裏布（表）

12

表布（表）

34

※no.01を参考に
仕立てる

31

※マチ無し

---

no.13 no.14 >>> photo page 09

材料

no.13
刺しゅう布…コスモ9000番コングレス地
　　　　　　（1ブラック）40×30cm
刺しゅう糸…40ページ参照

no.14(サンプル)
刺しゅう布…コスモ9000番コングレス地
　　　　　　（1ブラック）
刺しゅう糸…40ページ参照

HOW TO MAKE 単位：cm

※加工は専門店に
依頼する

中央3.5

持ち手
太い所は8
細い所は3.5
×48

8

裏面、側面、
底、持ち手：
レザー（ブラック）

刺しゅう面（26.5×19cm）

19

8

26.5

---

no.15 no.16 >>> photo page 10

材料

no.15
刺しゅう布…コスモ9000番コングレス地
　　　　　　（1ブラック）35×40cm
表布…デニム（グレー）70×80cm
裏布…コットン90×80cm
刺しゅう糸…50ページ参照

no.16
刺しゅう布…コスモ9000番コングレス地
　　　　　　（1ブラック）35×40cm
表布…デニム（グレー）70×80cm
裏布…コットン90×80cm
刺しゅう糸…51ページ参照

製図 単位：cm
（縫い代を付けて裁つ）

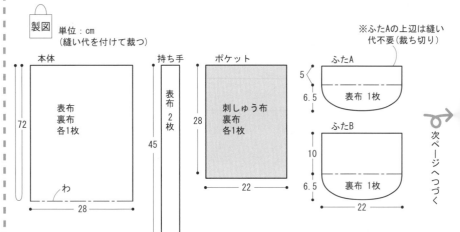

本体

表布
裏布
各1枚

72

わ

28

持ち手

表布
2枚

45

5

ポケット

刺しゅう布
裏布
各1枚

28

22

※ふたAの上辺は縫い
代不要（裁ち切り）

ふたA

表布 1枚

5

6.5

ふたB

裏布 1枚

10

6.5

22

次ページへつづく

no.17　no.18　>>> photo page 11

材料

no.17
刺しゅう布…コスモ9000番コングレス地
　　　　　（1ブラック）70×25cm
刺しゅう糸…55ページ参照

no.18
刺しゅう布…コスモ9000番コングレス地
　　　　　（1ブラック）70×25cm
刺しゅう糸…55ページ参照

HOW TO MAKE　※加工は専門店に依頼する

単位：cm

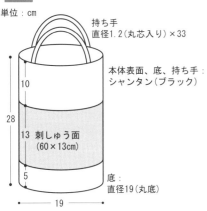

持ち手
直径1.2（丸芯入り）×33

本体表面、底、持ち手：
シャンタン（ブラック）

10
28
13　刺しゅう面
（60×13cm）
5
19

底：
直径19（丸底）

no.19　>>> photo page 12　no.20　>>> photo page 13

製図　単位：cm
（縫い代を付けて裁つ）

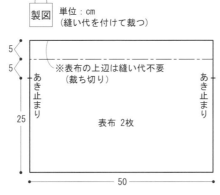

5
5
あき止まり　あき止まり
25
※表布の上辺は縫い代不要
（裁ち切り）
表布 2枚
50

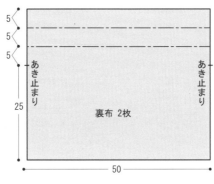

5
5
5
あき止まり　あき止まり
25
裏布 2枚
50

材料

no.19
表布…コスモ3800番ジャバクロス細目
　　　（1ブラック）60×90cm
裏布…コットン（ブルー）60×90cm
持ち手…アクリル製（直径約15cmの円形）一組
刺しゅう糸…44ページ参照

no.20
表布…コスモ3800番ジャバクロス細目
　　　（7サンドベージュ）60×90cm
裏布…コットン（朱色）60×90cm
持ち手…アクリル製（直径約15cmの円形）一組
刺しゅう糸…44ページ参照

HOW TO MAKE　単位：cm

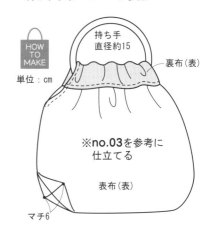

持ち手
直径約15
裏布（表）
※no.03を参考に
仕立てる
表布（表）
マチ6

HOW TO MAKE　単位：cm

1. ポケットを作る

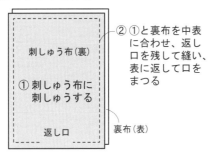

刺しゅう布（裏）
①刺しゅう布に
刺しゅうする
返し口
裏布（表）

②①と裏布を中表
に合わせ、返し
口を残して縫い、
表に返して口を
まつる

3. 本体にポケット付ける

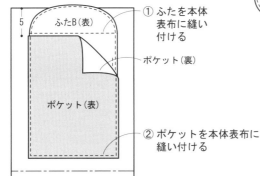

5
ふたB（表）
ポケット（裏）
ポケット（表）

①ふたを本体
表布に縫い
付ける

②ポケットを本体表布に
縫い付ける

2. ふたを作る

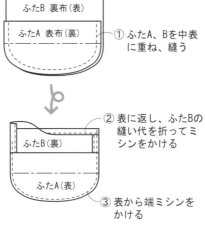

ふたB 裏布（表）
ふたA 表布（裏）

①ふたA、Bを中表
に重ね、縫う

ふたB（裏）
ふたA（表）

②表に返し、ふたBの
縫い代を折ってミ
シンをかける

③表から端ミシンを
かける

4. 持ち手を作る

2.5
持ち手（表）

縫い代を折り込み、両
端にミシンをかける

5. 外袋を作る

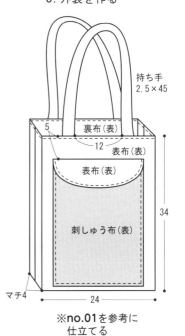

持ち手
2.5×45
裏布（表）
5
12
表布（表）
表布（表）
刺しゅう布（表）
34
マチ4
24

※no.01を参考に
仕立てる

71
Zizashi Embroidery Bag

no.21 >>> photo page 14　no.23 >>> photo page 15

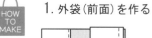
!!! 縫い代の始末、しつけがけ、アイロンなどは、素材に合わせて適宜行って下さい。

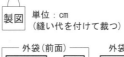
製図　単位：cm
（縫い代を付けて裁つ）

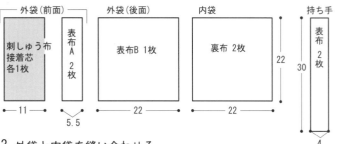

外袋（前面）
刺しゅう布
接着芯
各1枚
11

表布A 2枚
5.5

外袋（後面）
表布B 1枚
22

内袋
裏布 2枚
22

持ち手
表布 2枚
30
4

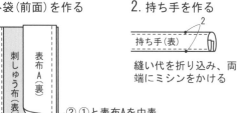
HOW TO MAKE
1. 外袋（前面）を作る
単位：cm

表布A（表）　刺しゅう布（表）　表布A（裏）

② ①と表布Aを中表に縫い合わせる
③ 表から端ミシンをかける
① 刺しゅう布に刺しゅうし、裏に接着芯を貼る

2. 持ち手を作る
2
持ち手（表）
縫い代を折り込み、両端にミシンをかける

3. 外袋と内袋を縫い合わせる

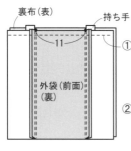

裏布（表）　持ち手
11
外袋（前面）（裏）

① 外袋（前面）と裏布を中表に合わせ、持ち手を挟んでミシンをかける
② ①と同様に、外袋（後面）と裏布を縫い合わせる

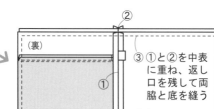
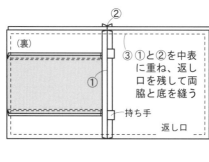
②
（裏）
①
持ち手
返し口

③ ①と②を中表に重ね、返し口を残して両脇と底を縫う

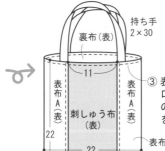
持ち手
2×30
裏布（表）
11
表布A（表）　刺しゅう布（表）　表布A（表）
22
表布A（表）

③ 表に返して返し口をまつり、袋の口に端ミシンを一周かける

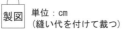
材料

no.21　no.23（共通）
刺しゅう布…コスモ9000番コングレス地
　　　　　　（1ブラック）20×35cm
表布…デニム（グレー）60×40cm
裏布…コットン60×30cm
接着芯…15×30cm
刺しゅう糸…no.21 45ページ参照、no.23 46ページ参照

---

no.22 >>> photo page 14　no.24 >>> photo page 15

材料

no.22　no.24（共通）
刺しゅう布…コスモ9000番コングレス地
　　　　　　（1ブラック）35×20cm
表布…デニム（グレー）70×40cm
裏布…コットン60×30cm
接着芯…30×15cm
刺しゅう糸…no.22 45ページ参照、
　　　　　　no.24 46ページ参照

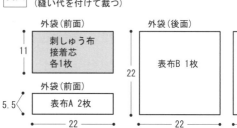
製図　単位：cm
（縫い代を付けて裁つ）

外袋（前面）
刺しゅう布
接着芯
各1枚
11
外袋（前面）
表布A 2枚
5.5
22

外袋（後面）
表布B 1枚
22

内袋
裏布 2枚
22

持ち手
表布 2枚
30
4

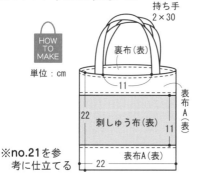
HOW TO MAKE
単位：cm

持ち手
2×30
裏布（表）
11
22　刺しゅう布（表）　11
表布A（表）
22
表布A（表）

※no.21を参考に仕立てる

---

no.25　no.26 >>> photo page 16

材料

no.25
刺しゅう布…コスモ3800番ジャバクロス細目
　　　　　　（1ブラック）45×35cm
刺しゅう糸…41ページ参照

no.26（サンプル）
刺しゅう布…コスモ3800番ジャバクロス細目
　　　　　　（1ブラック）
刺しゅう糸…41ページ参照

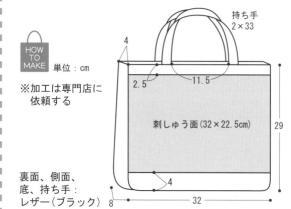
HOW TO MAKE
単位：cm

持ち手
2×33
4
2.5　11.5
刺しゅう面（32×22.5cm）
29
4
8
32

※加工は専門店に依頼する

裏面、側面、底、持ち手：
レザー（ブラック）

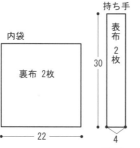

---

no.27 no.28 >>> photo page 17

材料

no.27
刺しゅう布…コスモ3800番ジャバクロス細目
　　　　　　（1ブラック）35×45cm
刺しゅう糸…47ページ参照

no.28（サンプル）
刺しゅう布…コスモ3800番ジャバクロス細目
　　　　　　（1ブラック）35×45cm
刺しゅう糸…47ページ参照

HOW TO MAKE
単位：cm

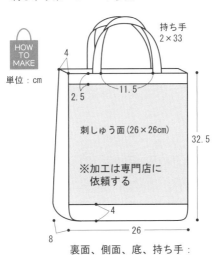

持ち手
2×33

4
2.5
11.5
刺しゅう面（26×26cm）
※加工は専門店に依頼する
32.5
4
8
26

裏面、側面、底、持ち手：
レザー（ブラック）

no.31 >>> photo page 19

材料

no.31
刺しゅう布…コスモ9000番コングレス地
　　　　　　（1ブラック）40×40cm
刺しゅう糸…48ページ参照

HOW TO MAKE
単位：cm

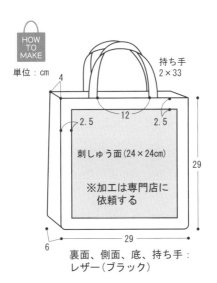

持ち手
2×33

4
2.5　12　2.5
刺しゅう面（24×24cm）
※加工は専門店に依頼する
29
6
29

裏面、側面、底、持ち手：
レザー（ブラック）

no.29 no.30 >>> photo page 18

材料

no.29 no.30（共通）
刺しゅう布…コスモ9000番コングレス地
　　　　　　（11白）80×50cm
裏布…コットン35×90cm
接着芯…60×45cm
持ち手…綿テープ（白）3cm巾×80cm
コード…アクリル組紐（白）3mm巾×140cm
刺しゅう糸…57ページ参照

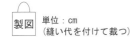製図　単位：cm
（縫い代を付けて裁つ）

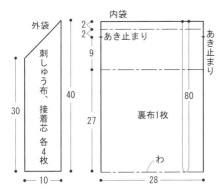

外袋
刺しゅう布、接着芯　各4枚
30
10

内袋
2
2
9
あき止まり
あき止まり
40
裏布1枚
27
わ
80
28

HOW TO MAKE
単位：cm

1. 外袋を作る

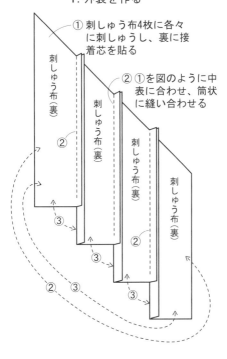

① 刺しゅう布4枚に各々に刺しゅうし、裏に接着芯を貼る

刺しゅう布（裏）

② ①を図のように中表に合わせ、筒状に縫い合わせる

②
③

刺しゅう布（裏）
刺しゅう布（裏）
刺しゅう布（裏）

②
③
③
②
③
③
②
③

刺しゅう布（裏）

③
③
③
③

③ 底を交互に縫い合わせる

2. 内袋を作る

あき止まり
あき止まり
裏布（裏）

① 中表に合わせ、両脇をあき止まりまで縫う

わ

（裏）
脇
14
カット

② マチを縫い、余分な布をカットする

2
（表）
あき止まり

③ 口を三つ折りにしてミシンをかけ、紐通しを作る

3. 外袋と内袋を縫い合わせる

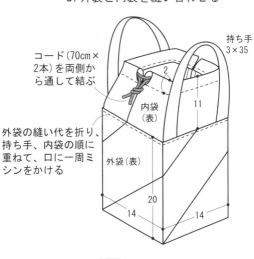

コード（70cm×2本）を両側から通して結ぶ

持ち手
3×35

2
内袋（表）
11

外袋の縫い代を折り、持ち手、内袋の順に重ねて、口に一周ミシンをかける

外袋（表）

20
14　14

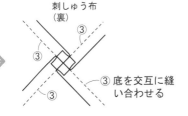

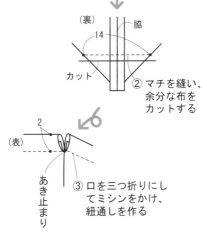

no.32 no.33 >>> photo page 20

材料

no.32
表布…コスモ9000番コングレス地
　　　（2ダークブラウン）80×45cm
裏布…コットン70×40cm
接着芯…70×40cm
持ち手…合皮テープ（ゴールド）
　　　1.8cm巾×90cm
刺しゅう糸…49ページ参照

no.33
表布…コスモ9000番コングレス地
　　　（11白）80×45cm
裏布…コットン70×40cm
接着芯…70×40cm
持ち手…合皮テープ（ゴールド）
　　　1.8cm巾×90cm
刺しゅう糸…49ページ参照

製図　単位：cm
（縫い代を付けて裁つ）

表布、裏布、接着芯
各2枚

32

28

HOW TO MAKE
単位：cm

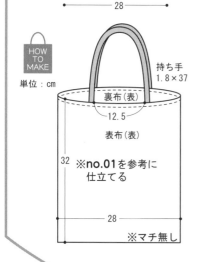

持ち手
1.8×37

裏布（表）

12.5

表布（表）

32　※no.01を参考に
仕立てる

28

※マチ無し

中央

HOW TO MAKE

no.34 no.35 >>> photo page 21

単位：cm

※加工は専門店に依頼する

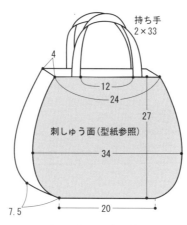

持ち手
2×33

4

12

24

27

刺しゅう面（型紙参照）

34

7.5

20

裏面、側面、底、持ち手：
レザー（ブラウン）

材料

no.34
刺しゅう布…コスモ3900番ジャバクロス55
　　　（77チャコールグレー）45×40cm
刺しゅう糸…50ページ参照

no.35(サンプル)
刺しゅう布…コスモ3900番ジャバクロス55
　　　（1ブラック）
刺しゅう糸…51ページ参照

 縫い代の始末、しつけがけ、
アイロンなどは、素材に合
わせて適宜行って下さい。

no.36 >>> photo page 22   no.37 >>> photo page 23

製図　単位：cm
（縫い代を付けて裁つ）

5
5

あき止まり

※表布の上辺は縫い代不要
（裁ち切り）

あき止まり

30

表布　2枚

5
5
5

あき止まり

あき止まり

30

裏布　2枚

45

材料

no.36
表布…コスモ3800番ジャバクロス細目
　　　（55マッドストーン）55×90cm
裏布…コットン（抹茶色）50×100cm
持ち手…竹製（約18×13cmの楕円形）一組
刺しゅう糸…46ページ参照

no.37
表布…コスモ3800番ジャバクロス細目
　　　（4ダークブルー）55×90cm
裏布…コットン（ブルー）50×100cm
持ち手…竹製（約18×13cmの楕円形）一組
刺しゅう糸…46ページ参照

HOW TO MAKE
単位：cm

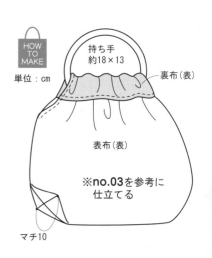

持ち手
約18×13

裏布（表）

表布（表）

※no.03を参考に
仕立てる

マチ10

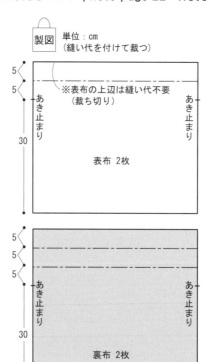

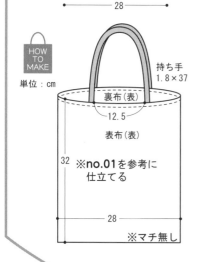

no.34 no.35 実物大型紙

no.38 >>> photo page 24

no.38
刺しゅう布…コスモ9000番コングレス地
　　　　（2ダークブラウン）40×40cm
刺しゅう糸…52ページ参照

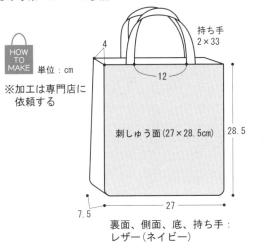

※加工は専門店に
　依頼する

単位：cm

持ち手
2×33

4

12

刺しゅう面（27×28.5cm）

28.5

27

7.5

裏面、側面、底、持ち手：
レザー（ネイビー）

no.39 >>> photo page 25

no.39
刺しゅう布…コスモ9000番コングレス地
　　　　（21ベージュ）40×40cm
刺しゅう糸…53ページ参照

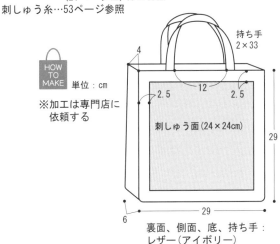

※加工は専門店に
　依頼する

単位：cm

持ち手
2×33

4

2.5

12

2.5

刺しゅう面（24×24cm）

29

29

6

裏面、側面、底、持ち手：
レザー（アイボリー）

no.40 >>> photo page 26
no.41 >>> photo page 27

no.40
刺しゅう布…コスモ9000番コングレス地（21ベージュ）
　　　　80×40cm（後面用の布も含む）
刺しゅう糸…54ページ参照

no.41
刺しゅう布…コスモ9000番コングレス地（21ベージュ）
　　　　80×40cm（後面用の布も含む）
刺しゅう糸…56ページ参照

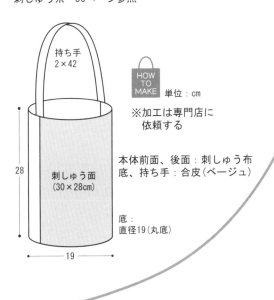

持ち手
2×42

※加工は専門店に
　依頼する

単位：cm

本体前面、後面：刺しゅう布
底、持ち手：合皮（ベージュ）

底：
直径19（丸底）

28

刺しゅう面
（30×28cm）

19

no.42　no.43 >>> photo page 28
no.44　no.45 >>> photo page 29

no.42
表布…コスモ3900番ジャバクロス55（10オフホワイト）60×35cm
裏布…コットン55×30cm
接着キルト芯…55×30cm
持ち手…ナイロンテープ（ピンク）2.5cm巾×80cm
刺しゅう糸…65ページ参照

no.43
表布…コスモ3900番ジャバクロス55（55マッドストーン）60×35cm
裏布…コットン55×30cm
接着キルト芯…55×30cm
持ち手…ナイロンテープ（ダークブラウン）2.5cm巾×80cm
刺しゅう糸…65ページ参照

no.44
表布…コスモ3900番ジャバクロス55（77チャコールグレー）60×35cm
裏布…コットン55×30cm
接着キルト芯…55×30cm
持ち手…ナイロンテープ（ダークグリーン）2.5cm巾×80cm
刺しゅう糸…66ページ参照

no.45
表布…コスモ3900番ジャバクロス55（1ブラック）60×35cm
裏布…コットン55×30cm
接着キルト芯…55×30cm
持ち手…ナイロンテープ（ブルー）2.5cm巾×80cm
刺しゅう糸…66ページ参照

次ページへつづく

no.42　no.43 >>> photo page 28
no.44　no.45 >>> photo page 29

製図　単位：cm
（縫い代を付けて裁つ）

表布
裏布
接着キルト芯
各2枚
22
22

HOW TO MAKE
単位：cm

※no.21を参考に
仕立てる

持ち手2.5×33cm

※持ち手は、中央を
二つ折りにしてミ
シンをかける

裏布（表）
9

表布（表）
22
22

2.5
7

※刺しゅう布の裏には、
接着キルト芯を貼る

---

no.46 >>> photo page 30
no.47 >>> photo page 31
no.48 >>> photo page 32

材料

no.46
刺しゅう布…コスモ3800番ジャバクロス細目（55マッドストーン）
　　　　　65×100cm（後面用、底用の布も含む）
刺しゅう糸…43ページ参照

no.47
刺しゅう布…コスモ9000番コングレス地（4ダークブルー）
　　　　　65×100cm（後面用、底用の布も含む）
刺しゅう糸…60ページ参照

no.48
刺しゅう布…コスモ3800番ジャバクロス細目（7サンドベージュ）
　　　　　65×100cm（後面用、底用の布も含む）
刺しゅう糸…63ページ参照

no.46　no.47　no.48
底：50%縮小型紙
（実物大200%拡大）

HOW TO MAKE
単位：cm

※加工は専門店に
依頼する

no.46　no.47　no.48
本体：50%縮小型紙
（実物大200%拡大）

中央2

持ち手
太い所は3
細い所は2
×40

3　　14

周囲約106

31

刺しゅう面
（型紙参照）

28

周囲約68

中央

中央

no.46
本体前面、後面、底：刺しゅう布
持ち手：レザー（グリーン）
no.47
本体前面、後面、底：刺しゅう布
持ち手：レザー（ライトブラウン）
no.48
本体前面、後面、底：刺しゅう布
持ち手：レザー（ダークブラウン）

BAG
掲載作品の加工先

作品no.	掲載頁	加工先
09	06	フルール
10	07	フルール
13	09	フルール
17・18	11	舛田美代
25	16	フルール
27	17	フルール
31	19	フルール
34	21	フルール
38	24	フルール
39	25	フルール
40	26	舛田美代
41	27	舛田美代
46	30	舛田美代
47	31	舛田美代
48	32	舛田美代

フルール
〒589-0023
大阪府大阪狭山市大野台5-19-8
TEL 072-366-5730
FAX 0120-78-2606

舛田美代
〒544-0021
大阪府大阪市生野区勝山南1-11-12
TEL 06-6712-3315
FAX 06-6712-3315

バッグの加工を専門店に依頼する場合は、
刺しゅうをする前に、以下の事柄につい
てよく相談、確認の上で始めて下さい。
※バッグのデザインや色、素材、サイズ
※ファスナーやマグネットなどの付属
※刺しゅう以外の材料の持ち込み
※加工代金

縫い代の始末、しつけがけ、
アイロンなどは、素材に合
わせて適宜行って下さい。

🛍 本書の見方 🛍

- ●地刺し図は方眼1桝を布1目とし、ステッチ記号には、糸の濃淡で区別しました。刺し方は❶❷…の順番で刺します。
- ●図案中の解説は、ステッチ名(「・S」はステッチの略)、糸番号(3～4桁の数字)、糸の使用本数(( )内の数字)の順で表示し、ステッチ記号に矢印で示しています。
- ●図案は実物大および縮小のものがあります。また、ステッチは粗めに描いてありますので、実際の刺し上がりは写真を参照して下さい。
- ●図案中の記号は、同じ記号がある部分は同じ刺し方をすることを示しています。さらに記号とともに糸番号が入っているものは、刺し方は同じで糸の色を変えて下さい。
- ●図案中の「←→」はステッチの入る向きを示し、それぞれの向きを合わせて刺します。
- ●作品の加工を専門店に依頼する時は、刺す前に、サイズや色、デザイン…等を店とよく相談、確認の上はじめて下さい。
- ●解説文中の(材料)で「コスモ」と明記のあるものは、発行日現在、コスモの商品として発売中の製品を示します。明記のないものは、その他の市販製品を示します。詳細は、小社編集部(TEL.03-3260-1859)までお問い合わせ下さい。

🛍 刺しゅうを始める前に 🛍

<布>

地刺しは布目を拾って刺す刺しゅうですから、布目のはっきりした布で、なるべくタテ糸とヨコ糸が同じ目数で織られたものを選ぶようにします。本書では布目が拾いやすい3800番、3900番のジャバクロスと9000番のコングレス地を使用していますが、その他インディアンクロス、アジュールクロス、ハーダンガークロスなども地刺しに適しています。本書の材料表記の布と異なる布を使用する場合は、布目の大きさの違いによって、作品の出来上がりに大小がでてきます。

<糸>

一般的に使われる糸としては、25番刺繍糸と、5番刺繍糸、ラメ糸、混ざり糸などがあります。一番よく使われる25番刺繍糸は、6本の細い糸がゆるくよられて1本になっています。使用するときは、必要な本数に合わせて、細い糸を1本ずつ抜き取って使います。5番刺繍糸やラメ糸は1本のままで必要な長さに応じて切って使いますが、ラメ糸はさらに必要な本数に分けて使う場合もあります(本書ではラメを6本にほぐした時の本数で表記しています)。混ざり糸には、糸巻き状、かせ状などメーカーによって様々な種類がありますが、やはり1本ずつ抜き取り、使用本数に合わせて用います。外国製の混ざり糸の中には、洗濯で色落ちする糸もありますので、色止め法や色落ちした際の対処法など、店によく確認の上で購入されることをおすすめします。

<針>

刺しゅう用の針は穴が細長いところが特徴で、針の長さや太さはいろいろ揃っていますが、ここでは、よく使われる針を選びました。他にも種類がありますから、刺しゅう布の材質や刺しゅう糸の本数に合わせて使い分けて下さい。布目を拾っていく場合は、先の丸いクロス針などを使用すると刺しやすいでしょう。

針と糸との関係

フランス針		クロス針	
5号	1～2本どり	24号	2～3本どり
4号	3～4本どり	20号	6～10本どり
2号	6～8本どり	16号	12～18本どり

<刺しゅう用枠>

ふつうは円型の枠を使いますが、大きさはいろいろで、8cm、10cm、12cmのものが使いやすいでしょう。ねじ付のものがほとんどで、内側の枠(小)の上に刺しゅう布をのせ、その上から外側の枠(大)をはめて、ねじで締めます。布はピンと張るよりも、適度のゆるみをもたせた方が刺しやすいでしょう。枠は刺しゅうしようとする部分に左手の指が届くような位置にはめるとよいでしょう。左手の指で補助をしながら刺すと、刺しやすくきれいにできます。

<糸の扱い方>

25番刺繍糸は紙帯をはずし、輪に巻いた状態に戻します(①図)。次に輪の中に手を入れ、糸の端と端をつまんで、からまないように輪をほどいていきます(②図)。ほどき終わって半分の長さになった糸を、さらに半分ずつ2回折り、全体を8等分の長さにしたら糸を切ります(③図)。切り終わった糸に糸番号の付いた紙帯を通しておくと、配色や糸を追加する時に便利です。使う時は、面倒でも使用本数に合わせて1本ずつ抜き取り、揃えて用います。その時、糸の中程をつまんで抜くと、からまりにくくてよいでしょう。1本ずつ抜くことによって、糸目が揃い、つやが失われることもなく、出来上がりが美しくなります(④図)。

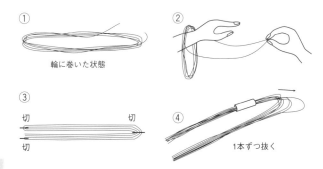

① 輪に巻いた状態

②

③ 切　　切　　切

④ 1本ずつ抜く

<糸を針に通す方法>

針を左手に持ち、右手で糸の端を持ちます。糸を針の頭にあてたまま、糸を二つに折ります(①図)。親指と人さし指で糸の二つに折れた部分をしっかり挟み、針を抜いて、糸に折り山を作ります(②図)。そのまま親指と人さし指を少し開いて糸の折り山をのぞかせ、針に糸を通します(③図)。

<刺す前の準備>

刺す時に布の目数を数えやすくし、間違いを防ぐために刺しゅう布に糸印を付けることをおすすめします。特に大きな作品ほど入れておくと大変便利です。布の中心をとり、そこからしつけ糸で十字に布目に沿って糸印を付けます。糸印は5目おき、または10目おきに拾っていくと、より目数が読み取りやすくなります(①図)。又は、刺しゅう布の仕上り寸法の周りに沿ってタテ、ヨコに同じように小さく糸印を付けておくのもよいでしょう(②図)。作品によってどちらかを選択しますが、両方しておくと、さらによいでしょう。

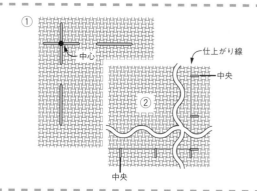

<図案の写し方>

トレーシングペーパーに図案を写し、配置を決めて布に図案をのせます。図案は布目に垂直になるように置きます。布はあらかじめ地直しをして布目を通しておき、布端をしつけ糸で粗くかがっておくなど、布端がほつれてこないように処理しておきます。図案と布の間に刺しゅう用コピーペーパーを挟み、まち針で止めます。図案の上にセロファン紙を置き、上から骨筆などでなぞって図案を写します。写し終わったら、写し忘れがないか確認して、まち針をはずします。ただし、部分的には図案を布に写さず、直接刺した方が良い場合もあります。小さな花や葉、実などの細かい部分や、輪郭をぼかした方が良い部分などは、茎など目安となる図案だけを写し、解説や写真を参照しながら、適当に刺すほうが良いでしょう。そのまま布に描けるペンシルタイプのものもありますので、作品によって利用してもよいでしょう。

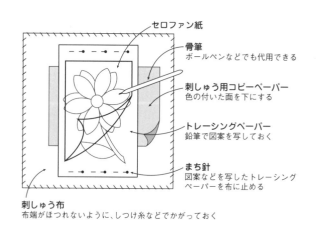

セロファン紙

骨筆
ボールペンなどでも代用できる

刺しゅう用コピーペーパー
色の付いた面を下にする

トレーシングペーパー
鉛筆で図案を写しておく

まち針
図案などを写したトレーシングペーパーを布に止める

刺しゅう布
布端がほつれないように、しつけ糸などでかがっておく

<洗濯>

刺しゅう後の作品は、コピーペーパーのあとや、手あかで汚れています。仕立てる前や加工に出す前に、洗濯をします。特にコピーペーパーは、熱を加えると落ちにくくなる場合がありますので、必ずアイロンをかける前に洗濯します。

ここでは一般的な洗濯方法を紹介します。まず、刺しゅう糸がほつれてこないよう裏側の糸の始末を確認しましょう。洗濯は一度水につけてから中性洗剤を入れ、やさしく押し洗いをし、その後、水で何度もすすぎます。この時、万一余分な染料が出ても、あわてて水から出さずに、色が出るのが止まるまで充分すすいで洗い流します。脱水はたたんで軽く脱水機にかけるか、タオルで挟んで水分を取り、薄く糊付けします。乾燥は風通しの良い所で日陰干しをし、アイロンは、ステッチがつぶれないように毛布などの柔らかい物を台にして、裏から霧を吹きかけながら高温(摂氏180～210度)であてます。クリーニングに出す時はフッソ系のドライクリーニングが最も安全ですが、いずれにしても以上の注意点を話した上でお出し下さい。

<美しく刺すためのアドバイス>

※図案を布に写す時は、図案がゆがんだり、曲がったりしないように、きれいに写しましょう。

※糸の引き加減はきつすぎず、ゆるすぎず、均一の調子で刺し、ステッチの大きさを揃えましょう。

※刺しているうちに、針に付けた糸がよじれてくるので、よりを戻しながら刺しましょう。

※裏側は、糸を長く渡さないようにします。1つ1つ止めるか、または、先に刺したステッチの中を通したり、からめたりして糸を渡すとよいでしょう。

※何度もほどいた糸は、けば立って仕上りが美しくありません。新しい糸に替えて刺すとよいでしょう。

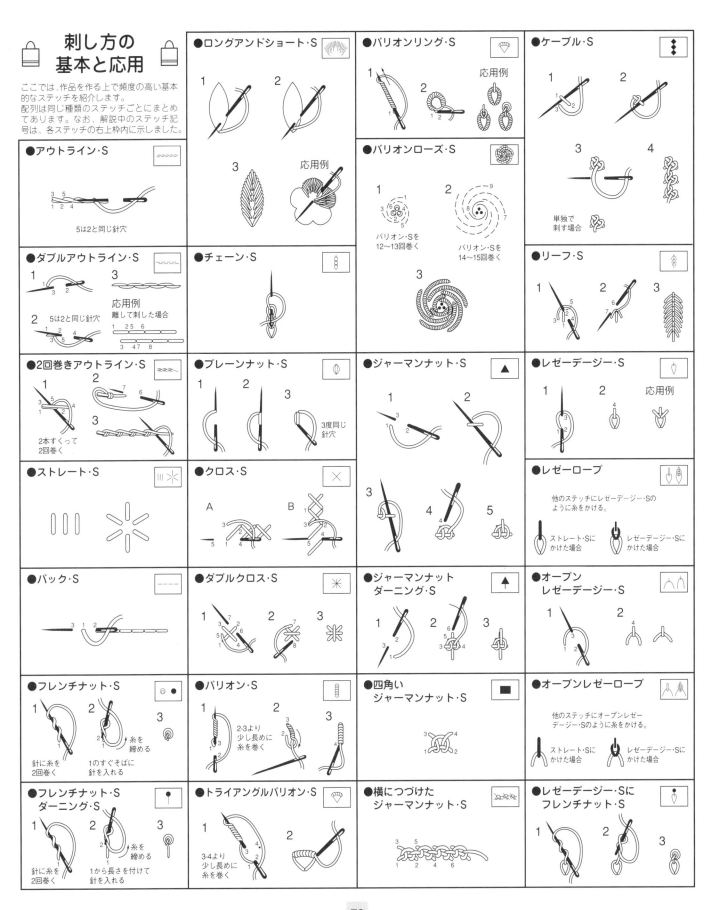

刺し方の基本と応用

ここでは、作品を作る上で頻度の高い基本的なステッチを紹介します。
配列は同じ種類のステッチごとにまとめてあります。なお、解説中のステッチ記号は、各ステッチの右上枠内に示しました。

●アウトライン・S
5は2と同じ針穴

●ダブルアウトライン・S
5は2と同じ針穴
応用例　離して刺した場合

●2回巻きアウトライン・S
2本すくって2回巻く

●ストレート・S

●バック・S

●フレンチナット・S
針に糸を2回巻く
1のすぐそばに針を入れる

●フレンチナット・S ダーニング・S
針に糸を2回巻く

●ロングアンドショート・S
応用例

●チェーン・S

●プレーンナット・S
3度同じ針穴

●クロス・S
A　B

●ダブルクロス・S

●バリオン・S
2-3より少し長めに糸を巻く

●トライアングルバリオン・S
3-4より少し長めに糸を巻く

●バリオンリング・S
応用例

●バリオンローズ・S
バリオン・Sを12〜13回巻く
バリオン・Sを14〜15回巻く

●ジャーマンナット・S

●ジャーマンナット ダーニング・S

●四角い ジャーマンナット・S

●横につづけた ジャーマンナット・S

●ケーブル・S
単独で刺す場合

●リーフ・S

●レゼーデージー・S
応用例

●レゼーロープ
他のステッチにレゼーデージー・Sのように糸をかける。
ストレート・Sにかけた場合
レゼーデージー・Sにかけた場合

●オープン レゼーデージー・S

●オープンレゼーロープ
他のステッチにオープンレゼーデージー・Sのように糸をかける。
ストレート・Sにかけた場合
レゼーデージー・Sにかけた場合

●レゼーデージー・Sに フレンチナット・S

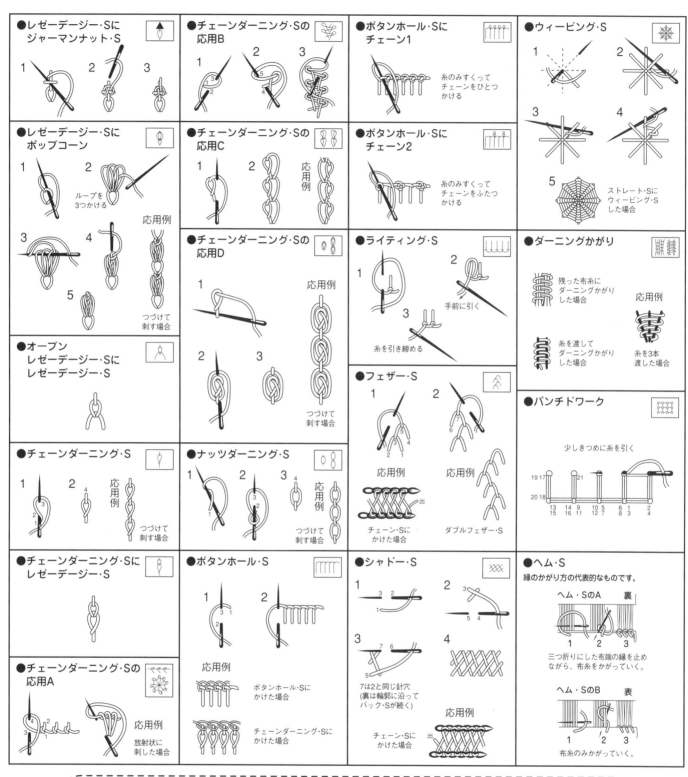

●レゼーデージー・Sに
　ジャーマンナット・S

●レゼーデージー・Sに
　ポップコーン

●オープン
　レゼーデージー・Sに
　レゼーデージー・S

●チェーンダーニング・S

●チェーンダーニング・Sに
　レゼーデージー・S

●チェーンダーニング・Sの
　応用A

●チェーンダーニング・Sの
　応用B

●チェーンダーニング・Sの
　応用C

●チェーンダーニング・Sの
　応用D

●ナッツダーニング・S

●ボタンホール・S

●ボタンホール・Sに
　チェーン1

●ボタンホール・Sに
　チェーン2

●ライティング・S

●フェザー・S

●シャドー・S

●ウィービング・S

●ダーニングかがり

●パンチドワーク

●ヘム・S